Handyman

Ad Fransen

HANDYMAN

Tips voor de (on)handige man

Uitgeverij Podium
Amsterdam

© 2012 Ad Fransen
Omslagontwerp Studio Jan de Boer
Beeld omslag Mimi Haddon/Studio Jan de Boer
Typografie Sander Pinkse Boekproductie
Illustraties Amy Verhoeven

ISBN 978 90 5759 537 0

Verspreiding voor België: Elkedag Boeken, Antwerpen

www.uitgeverijpodium.nl

INHOUD

INLEIDING

Laatst stond ik in een zeldzaam ouderwetse elektriciteitswinkel met een echte vakman achter de toonbank, zo'n
mannetje in stofjas die uit een geheime la ineens een stekker tevoorschijn tovert die je al heel lang zocht. Opvallend
was dat de winkel vol stond met vrouwen. Ik was de enige
man. Een moeder — kapsel in de war, gehaaste indruk, kind
zat buiten te jengelen in de bakfiets — liet een foto zien op
haar mobieltje. Stopcontact stuk. Viel dat nog te repareren
door haarzelf? En hoe dan?
Een ander kreeg thuis haar defecte deurbel maar niet ge-
fikst. Ze droeg het hele apparaat bij zich, als een couveuse-
kindje dat zojuist van de hartbewaking was gerukt. Enfin,
nadat al die vrouwen tevreden de zaak hadden verlaten en
ik eindelijk aan de beurt was, vroeg ik de winkeleigenaar of
dat normaal was: al die dames in zijn zaak. Het antwoord
flapte hij er zonder aarzeling uit: 'Wat dacht jij dan? Al die
kerels kunnen toch niks meer. Het enige waar ze tegenwoordig nog verstand van hebben is hun computer.'
Naar aanleiding van deze verzuchting en vergelijkba-
re voorvallen groeide mijn overtuiging dat mannen er

behoorlijk met de pet naar zijn gaan gooien als het om stereotiepe mannenklusjes gaat. Niet zo verwonderlijk, want vaders die hun zonen het goede klusvoorbeeld geven zijn in dit tijdsgewricht nog ver te zoeken. Vroeger nam een vader zijn zoon mee naar de schuur om te demonstreren hoe je een plankje zaagt of een schroef in een stuk hout draait. Kom daar nog maar eens om.

Op het gebied van vrouwenklusjes is er echter ook een verschuiving gaande: wie naait er nog weleens een knoop voor je aan? Wie vertelt je hoe je een olievlek uit dat witte overhemd moet halen? Of wie reikt je een oplossing aan voor de doffe tegels in de badkamer? Precies, daar moet je als man allemaal zelf verstand van hebben. Vroeger was het heus niet beter, maar waren de rollen wel duidelijk verdeeld. Voor hulp bij huishoudelijk ongemak kon een man in de eerste jaren van zijn leven rekenen op zijn moeder, waarna het huishoudstokje meestal braaf werd overgenomen door zijn vrouw. Helaas, die tijd is voorbij.

Slimme trucjes, probate middeltjes, alledaagse foefjes, onze voorouders waren zuinig op hun spullen, en wanneer er iets beschadigd of vuil was, hadden ze er een oplossing voor. Tegenwoordig is de noodzaak om je kleren te verstellen of iets in huis te repareren verdwenen. De meeste spullen zijn zo goedkoop geworden dat we ze liever weggooien. Veel gemakkelijker. Een wiebelende tafel, bij het vuil ermee, op naar Ikea. En waarom hardnekkige vlekken verwijderen nu de rekken van Zara en H&M vol hangen met aanbiedingen?

Maar er zijn kledingstukken waaraan je bent gehecht, en er bestaan trucjes en foefjes om dingen te herstellen die zo gemakkelijk zijn dat het zonde is als je ze niet eens uitprobeert. In *Handyman* wordt niet naar vroeger terugverlangd, en het is ook niet de bedoeling om een volleerde vakman van je te maken. Wel biedt dit handboekje nuchter advies bij onvermijdelijke klussen en is het geschreven onder het motto: waarom moeilijk doen als het makkelijk kan? En dan blijkt ineens dat kennis uit vervlogen tijden nog steeds goed van pas komt en dat zelf iets repareren vaak niet alleen eenvoudig is, maar vooral ook bevredigend kan zijn. Let maar eens op, voor je het weet ben je een doorgewinterde 'handyman' en ga je het nog leuk vinden ook. Hup, geen smoesjes meer, aan de slag!

DEEL I
HANDWERK

1 HANDIG OM PARAAT TE HEBBEN

Hoorde ik dat nou goed, laatst in een kroeg? Er stond een aantrekkelijke dame achter de bar, ze was de koningin van het café, zo'n bardame die niet met zich laat sollen, het type 'too-hot-to-handle'. Ze had met haar pronte verschijning de hele mannelijke klandizie in haar ban, er werd zelfs hardop gefantaseerd — maar weer net niet te hard, want stel dat ze 't zou horen, dan zwaaide er wat. Maar toch ving ik dit op: 'Als je met die meid iets wilt beginnen, heb je wel goed gereedschap nodig.'

Goed gereedschap, ja, ja, macho die je bent. Thuis ontbreekt het mannen meestal aan een fatsoenlijke gereedschapskist.

Het type 'de onhandige man' kun je grofweg onderverdelen in drie groepen.

1. Mannen die helemaal geen gereedschap bezitten. Deze jongens denken natuurlijk heel veilig: als ik niks in huis heb, hoef ik ook niks te doen.
2. Mannen die dol zijn op gereedschapsblingbling en je graag hun blitse toolbox van Makita willen laten zien,

maar helaas: ze kunnen er niks mee, ze zijn zo onhandig als de pest.

3. Mannen die ergens, heel welwillend, een kistje hebben staan met een paar lamme tangen uit de koopjeshoek van de bouwmarkt of een setje schroevendraaiers uit de grabbelbak bij het tankstation.

Eigenlijk zijn mannen uit de eerste groep beter af dan het laatste type. Liever géén gereedschap dan slecht gereedschap. Want met inferieur materiaal kun je een karweitje alleen maar verknoeien of een mankement zelfs verergeren.

EHBO-GEREEDSCHAP

Zelf heb ik voor de snelle en kleine klusjes — en meestal draait het daar om in huis — niet meer nodig dan een grote schoenendoos met gereedschap, zeg maar een EHBO-doos voor pechgevallen. Als het even kan een doos waarin een paar laarzen of bergschoenen heeft gezeten. Zet die doos onder in een kast, of schuif 'm onder het bed, zo ben je altijd direct voorbereid op een kapotte lamp, een lekkage, loszittende delen of rammelende zaken.

Groot gereedschap — dat wil zeggen drilboren, schuurmachines, verfbranders en cirkelzagen — kan altijd nog voor forse klussen, voor als je bijvoorbeeld de keuken eens een opknapbeurt wilt geven. Maar heb je daar als onhandige man zin in? Nou dan! Bovendien kun je voor die ene keer zwaar gereedschap beter lenen of huren. Want bedenk goed: zelfs bij de handigste mannen ligt een decoupeerzaag of schuurmuis vaak heel lang onaangeroerd in de schuur. En rust roest, dat is bekend. Nu eerst eens kijken wat er hoort in zo'n eenvoudig huis-tuin-en-keukenkitje.

- Bovenop ligt wat je het vaakst nodig hebt. Een setje **schroevendraaiers**: niet alleen kruis- en sleufkopschroevendraaiers maar ook zo'n kleintje, een spanningzoekertje voor minischroefjes of als je aan stopcontacten gaat peuteren. Van mijn vader kreeg ik ooit een wel heel bijzonder schroevendraaiertje cadeau: om de kop zit een klemmetje dat de schroefjes vasthoudt. Erg handig voor als je boven je hoofd moet werken. Ze zijn nog steeds te koop.

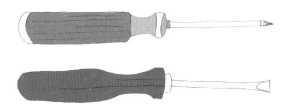

kruiskopschroevendraaier (boven) en sleufkopschroevendraaier (onder)

- Een middelgrote hamer mag niet ontbreken, liefst een klauwhamer want daarmee kun je ook spijkers uit de muur trekken, zodat een nijptang overbodig wordt.
- Een paar tangen zijn onmisbaar. De **waterpomptang** komt het meest van pas omdat die in veel standen kan worden gezet. Doe er nog een plat tangetje bij voor het fijnere werk en een kniptang om snoeren door te knip-

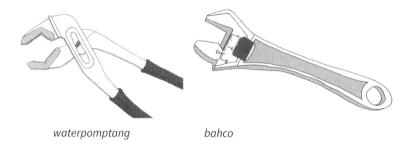

waterpomptang *bahco*

pen. Een schaar mag ook, maar neem dan wel een goeie.
In ieder geval niet een setje botte kinderschaartjes van
Ikea.

- Gebruik een middelgrote **bahco**, een Engelse sleutel
  in plaats van een complete set steek- of ringsleutels.
  Een bahco is verstelbaar en past daarom op de meeste
  moeren.

- Ook het **stanleymes** heeft multifunctionele capaciteiten,
  wel bekend van vroeger, van de handvaardigheidsles.
  Met de verwisselbare mesjes heb je vaak geen zaag
  meer nodig: een stanleymes gaat door dun hout, karton,
  kunststof, vloerbedekking of leer. Tegenwoordig word
  je doodgegooid met uitschuifbare afbreekmesjes in van
  die plastic heften. Ze bieden weinig houvast en breken
  af zodra je goed en wel bezig bent. Daarom kies ik voor
  grip en degelijkheid, *I stand by Stanley*.

- Een **priem** en een **drevel.** Met een priem kun je handmatig een gaatje of putje in zacht materiaal drukken.
  Een drevel is een stalen pen waarmee je met een hamer
  een punt kunt markeren in hardere materialen zoals
  staal. Handig als je te maken hebt met een gladde
  ondergrond (metaal of kunststof); het schroefje of boor-

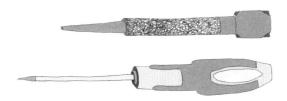

drevel (boven) en priem (onder)

tje glijdt niet meteen weg. Zet wel eerst een kruisje met een **potlood**. Een priem is ook fijn als je bent afgevallen en daarom een extra gaatje moet maken in je leren riem. Met een drevel kun je de koppen van spijkers verzinken. Vakwerk!

■ Als je geen timmermansoog hebt, is een **rolmaat** je beste vriend. Koop er een met een metalen of rubberen kast, die blijft heel als je er per ongeluk op gaat staan. En denk aan de lengte van het lint, die moet toch minimaal vijf meter zijn.

■ Haal nooit je neus op voor een **waterpas**. Zonder waterpas hangen die schilderijen, gordijnrails of plankjes nooit in één keer recht. Doe er om dingen haaks te krijgen ook maar een kleine **winkelhaak** bij.

■ Een **plamuurmes** gebruik je niet alleen om te plamuren, maar ook om oneffenheden af te krabben. Zo haal je die kauwgom of geknoeide lijm op de vloer snel weg.

■ Een **mechanisch nietpistool**, een zogenaamde 'handtacker', voorkomt een heleboel gespijker. Met dit apparaat kun je stof of bekleding snel en stevig vastzetten.

■ Een **universele korte zaag** die door hout en kunststof gaat is afdoende als je niet vaak zaagt. Voor al het klei-

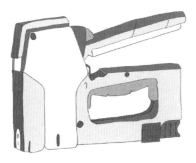

tacker

ne, directe werk (hout, metaal, kunststof) ligt er in mijn schoenendoos een **ijzerzaagje** met grove zaagtand klaar. Maar wist je dat je met een broodmes ook als boter door kunststof pijpjes of dunne latjes gaat?

- Een tube **universele lijm**, die zo'n beetje alles plakt, Bison Kit bijvoorbeeld, hoort absoluut thuis in de EHBO-doos. Als je voor bepaalde materialen speciale lijm nodig hebt, overleg dan met de vakman, zoek op internet of kijk bij een bouwmarkt naar de lijmwijzer.

- **Accuboor:** Past misschien nog net in je schoenendoos. Met deze boor kun je schroeven én boren. Kies voor een krachtige uitvoering, voorzien van een verstelbaar toe-rental, eentje die ook door een harde muur gaat. En zorg voor twee accu's, zodat er bij tijdrovende klussen geen onnodig oponthoud ontstaat. Koop aparte boorsetjes voor metaal, hout en steen (kijk op de verpakking). Voor boortjes geldt hetzelfde als voor bits (de hulpstuk-jes waarmee je schroeven en moeren vast- of losdraait): goedkoop is duurkoop. Voor gaten in muren, als er bijvoorbeeld een schilderij moet worden opgehangen,

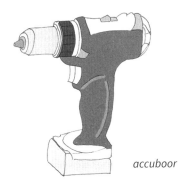

accuboor

heb je meestal een 6-mm-boortje nodig (en vervolgens 6-mm-pluggen); zorg dat dit boortje altijd voor het grijpen ligt.

Zo, nu ben je perfect uitgerust voor de meest voorkomende klussen. Wat je verder aan materiaal nodig hebt, is afhankelijk van wat je te doen staat. Een schilderijtje hang je op aan een spijker, zware objecten gaan met schroeven en pluggen aan de muur. In de EHBO-doos zit daarom ook nog een plastic doosje (leeg bakje van de afhaalchinees) met wat **gangbare schroefjes en spijkers** voor direct gebruik. Ook zitten er een paar **kroonsteentjes** en een rolletje tape in, liefst **duct-tape,** een bundel **tiewraps** en een spuitbusje **WD-40.**

Duct-tape of klussentape is water- en oliebestendig, wordt van oudsher gebruikt voor kunststofbuizen in de bouw. Maar of het nou een kapotte fiets is of de gebarsten groentebak van de koelkast, je plakt met deze tape alles aan elkaar. Weleens op het erf van een boer geweest? En gezien wat hij allemaal doet met duct-tape? Het hek, het hondenhok, een bundel hooi... hier duct-tape, daar duct-tape, overal duct-tape. En is jouw skibroek ineens gescheurd? Lap 'm gewoon even op met duct-tape. Je kunt er desnoods *for the time being* een lekkende slang in je auto mee aftapen, of een kapotte afvoerpijp.

- **Tiewraps** zijn een uitvinding uit de vliegtuigindustrie om kabels efficiënt bij elkaar te binden; ze komen werkelijk overal en altijd van pas. Zit het deksel van je prullenbak los? Een tiewrap. Horen we de regenpijp rammelen? Hé, geef eens even snel een tiewrap. Een ringslot op een fiets zetten? Laat die schroefjes maar zitten, door die gaatjes gaan met gemak een paar stevige tiewraps. Ik keek laatst onder de motorkap van een afgeragd tweedehandsje: zo'n beetje alles wat daar in het vooronder lag werd bij elkaar gehouden door tiewraps. Met succes. Een plafondlamp hang je op met... een tiewrap. Je kunt niet scheutig genoeg zijn met tiewraps, je kunt er zelfs een indringer mee in de boeien slaan. Ze worden soms aangeboden in supermarkten, in zo'n enorme voordeelzak. Gooi meteen maar weg! Die dingen knappen bij de minste of geringste kracht die erop staat, of gaan al kapot bij een beetje vorst. Tiecrap!
- Over het wonder van **WD-40** raak je niet snel uitgepraat. De naam van de blauw-gele spuitbus met rode dop verwijst naar de veertigste poging van uitvinder Norm Larsen om een vloeibare formule tegen corrosie te ontwikkelen in spuitbusvorm. Dat is hem prima gelukt. Fervente WD-40-gebruikers hebben ontdekt dat je met

dit spulletje nog veel meer kunt doen dan roest voorkomen of de ketting van je fiets smeren. In de VS bestaat zelfs een WD-40-fanclub. Daar doen ze de gekste dingen met het sputterende spuitbusje. Later in dit boek komen de toepassingen van WD-40 (*zie* Vlekkenkampioenen, p. 132) nog uitvoerig aan bod, dus ga maar vast naar de winkel om een bus of twee te scoren.

Zijn er nog zaken die je mist? Natuurlijk, machines, materialen, werktuig, maar die passen niet allemaal in die bewuste schoenendoos voor eerstehulpdoeleinden. Mocht je toch meer willen weten en denk je nu al: goh, best leuk handyman zijn, kijk dan maar eens in de appendix achter in dit hoofdstuk. Daar tref je volop adviezen aan over tape, lijm, schuurpapier, handige apparaten, et cetera.

MATENBOEKJE

Je zult het meteen merken als je straks gaat schilderen, timmeren; als er een nieuwe vloerbedekking gelegd moet worden of als je gordijnen aan vervanging toe zijn: het eerste wat je nodig hebt, of waar in een winkel naar gevraagd wordt, zijn de *maten*. Als je het naar je zin hebt in je huis en denkt er lang te blijven wonen, schrijf of sla de maten dan op in een matenboekje of in je computer. De afmetingen van de vloer, de ramen; de oppervlakte van de muren of het plafond; de lengte van de rails of het aantal banen stof voor gordijnen... ga zo maar door.

Dan hoef je bij de volgende opknapbeurt alleen maar je notities te checken. Je zou er zelfs in kunnen vastleggen welke spijkers of schroeven je heb gebruikt voor een bepaalde klus. Ik ben mijn eigen matenboekje na de zoveelste verhuizing kwijtgeraakt, maar ik noteerde er als ik aan het klussen was van alles in, ook mijn gewicht en buikomvang. Wanneer je zo'n boekje later weer openslaat, schrik je je natuurlijk te pletter zoals je intussen bent aangekomen. Een fikse *wake-upcall* om weer gauw wat aan sport te gaan doen.

2 KLUSWERK

Voor een klus heb je allerlei aanvullend materiaal nodig zoals spijkers, schroeven, boortjes, verf, kwasten, noem maar op. De verleiding is groot om die spullen aan te schaffen bij een bouwmarkt. Dat begrijp ik best, meestal ben je daar veel goedkoper uit dan bij de verfvakman of de gespecialiseerde ijzerwarenwinkel. Toch blijkt goedkoop vaak duurkoop. Bij bouwmarkten word je doorgaans slecht geholpen. Het personeel is niet gespecialiseerd, en als je een vraag hebt sturen ze je van het kastje naar de muur. Bij de ijzerhandel of verfwinkel tref je achter de toonbank altijd een vakman aan, die je geduldig te woord staat. Het is er iets duurder, maar je krijgt gratis advies; ze tekenen het zo nodig zelfs voor je uit. En al kom je voor vier schroefjes, dan nog nemen ze vaak ruim de tijd voor je. Mooi hoor. Toch voor de zekerheid — zodat je niet alles aan de vakman hoeft te vragen — een paar basislessen.

SPIJKEREN EN SCHROEVEN

Wanneer je als kind niet genoeg geoefend hebt met Hamertje Tik, dan kan er al van alles fout gaan als je een spijker in de muur wilt slaan. Zo'n spijker moet precies op de plek komen waar jij 'm wilt hebben en liefst zonder op je vingers te slaan. Een paar tips van de handyman:

- **Een spijker klem houden** Plaats de spijker tussen de tanden van een kam.
- **Het pleisterwerk heel houden** Een stukje schilderstape op de plek waar de spijker moet komen, zorgt ervoor dat het stucwerk heel blijft tijdens het spijkeren.
  Bij het verwijderen van spijkers voorkom je dat het stucwerk meekomt door een plankje met een gat waar de spijker doorheen kan stevig tegen de muur aan te drukken.
- **Splijtgevaar voorkomen** Maak voordat je een spijker in hout slaat eerst een kuiltje met de kop van de spijker of met een drevel. Dat maakt niet alleen het risico op splijten aanzienlijk kleiner, maar ook de kans op een krom geslagen spijker. Met deze methode kun je de spijkers ook keurig verzinken.
  Sla spijkers in hout nooit in een rechte lijn naast elkaar — daardoor splijt je de plank in tweeën. Te veel aan de buitenkant spijkeren is vragen om dezelfde ellende.
- **Dun hout op dik hout** Spijker nooit dik hout op dun hout. Wanneer je de achterkant toch niet ziet, kun je een extra sterke verbinding maken met behulp van spijkers die anderhalf keer zo lang zijn als de dikte van de

Spijker verzinken

1. Sla eerst met de hamer op de drevel
2. Sla daarna met de hamer op de spijker
3. Tik na met de drevel
4. Spijker is verzonken

aan elkaar te timmeren delen. Sla de spijker door het hout en verbuig de uitstekende punt aan de achterkant haaks met een tang. Mep er nog een paar keer op met de hamer.

■ **Leve de kruiskop** Gebruik vooral schroeven met kruiskoppen, die geven meer grip en raken minder snel lam gedraaid dan de sleufkop. Je draait ze er bovendien makkelijker weer uit. Bij hardnekkig vastzittende schroeven wil een verhitte schroevendraaier weleens helpen. Hiervoor houd je het uiteinde van de schroevendraaier even boven een brandende gaspit. Steen of hout zetten door de warmte een beetje uit en daardoor komt de schroef los.

- **Stroeve schroeven** Tropisch hardhout kan erg weerbarstig zijn en spijkert of schroeft daarom niet altijd even soepel. Smeer in zo'n geval de spijker of schroef in met lippenbalsem of vaseline.

- **Pluggen** In massieve stenen muren ben je het beste uit de meest gangbare plastic pluggen, de zogenaamde type-S-pluggen. Voor holle wanden waar een gewone plug zo weer uit kan schieten gebruik je een vouwplug, die zich bij het aanbrengen van een schroef uitvouwt tegen de binnenkant van de muur. Plafonds zijn vaak betimmerd met gipsplaat en dan heb je weinig aan een universele plug.

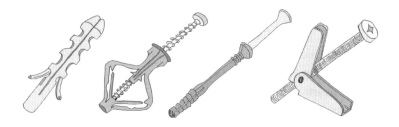

Van links naar rechts: S-plug, vouwplug, slagplug, parapluplug

Gaatjes in de muur

Kleine gaatjes in witte muren kun je makkelijk dichten met een beetje witte tandpasta.

Vraag bij de ijzerhandelaar naar een parapluplug, daarin zit een veertje met uitklapbare vleugels die zich aan de achterzijde van de plaat uitvouwen. Voor dikke muren kun je ook slagpluggen gebruiken, een combinatie van spijker, schroef en plug. Je boort eerst een gat, waar je deze combi-plug in duwt. Daarna geef je hem paar flinke klappen met de hamer. De slagplug kan veel gewicht dragen en later kun je hem er eventueel weer uit schroeven. Kijk altijd goed of de maat van plug en boor met elkaar corresponderen. Soms heb je een boortje nodig dat net een halve millimeter dikker is dan de plug, maar het beste is als de plug er moeilijk in gaat, want dan blijft de schroef later ook beter zitten.

Soms blijkt de plug te lang, of was het gat te ondiep. Snij in zo'n geval het deel dat uit de muur steekt voorzichtig af met een stanleymes. Andere keren is het gat — veel vervelender — te wijd. Steek dan na het aanbrengen van de plug een tandenstoker, lucifer of cocktailprikker zo diep mogelijk naast de plug en breek het overgebleven eindje af.

- ■ **Hulpgaatjes** Maak bij hout met een handboortje of priem eerst een hulpgaatje, dan barst of splijt bij het schroeven een plankje minder snel.

Schilderij of spiegel ophangen

Schilderijen en spiegels bewegen vaak al wanneer iemand erlangs loopt. Dit komt doordat ze aan de onderkant los van de muur hangen. Daar valt op twee manieren iets tegen te doen.

De eerste truc is het simpelst: plak aan de achterkant links- en rechtsonder in de hoek een stukje kurk. Het tweede middel kost iets meer moeite, maar is veel effectiever. Het schilderij of de spiegel komt nu niet aan een haakje te hangen maar aan de lijst zelf. Hiervoor moet je een gaatje in de lijst maken. Sla de spijker schuin in de muur en meet hoe ver die uit de muur komt. Boor daarna schuin naar boven, precies in het midden van de bovenkant van de lijst, een gaatje van dezelfde diepte of net iets dieper. Voorzichtig hoor, met een heel laag toerental, anders zit er straks een gat in je Van Gogh of Picasso. Nu kun je het schilderij of de spiegel vlak tegen de muur hangen door het in de schuin in de muur geslagen spijker te drukken. Moet jij eens zien... mooi hè, alsof je schilderij in een museum hangt.

■ **Houvast** Zoek bij het schroeven in losse delen altijd houvast. Om het tollen tegen te gaan ga ik met één voet op de plank staan, of ik haal desnoods de workmate (*zie* Appendix p. 71) tevoorschijn. Anders krijg je nog een geweldige draai om de oren van je eigen plank.

■ **Schroeven laten verzinken** Soms is het mooier om schroeven te laten verzinken. Als je de gaten daarna dichtsmeert met plamuur en overschildert, zie je niet

meer waar er is geboord. Echt vakwerk dus. Om de
schroeven te laten verzinken moet de opening van het
gaatje op z'n minst een even grote diameter hebben
als de schroefkop. Neem nadat je een gat hebt geboord
een dikkere boor, zet de boormachine daarmee in de
tegengestelde richting (linksom, anders boor je nog per
ongeluk te ver door en zit je met een te groot gat) en
frees zo het gat een halve centimeter diep uit.

■ **Orde scheppen** Meestal gaat er veel tijd verloren aan
het zoeken naar materiaal en gereedschap. Daarom is
het handig om voordat je aan de slag gaat de schroefjes,
pluggen en spijkers op de binnenzijde van een stukje
plakband te leggen. Zo kunnen ze niet wegrollen.

ZAGEN ZONDER RAFELS

Ik ken veel mannen die een even grote hekel aan zagen
hebben als vrouwen gruwen van strijken. Maar met zagen
ben je toch beter af. Want je kunt veel ellende besparen als
je eerst eens goed uitrekent hoe groot de plankjes en plaat-
jes moeten zijn. Daarna ga je met de juiste maten naar een
bouwmarkt of houthandel en laat je alles gratis of tegen
een geringe vergoeding keurig op maat zagen. Dat zou een
vrouw met haar strijkwerk ook wel willen.
Maar ja, je pakt natuurlijk niet voor elk zaagwerkje de auto
naar de Gamma of Karwei, dus daarom een stappenplan
zagen.

❯ Stap 1

Zagen is meten, dus haal niet alleen de zaag uit je gereedschapskist maar ook een rolmaat, potlood en winkelhaak
of liniaal. Of laat dat potlood maar zitten, soms geeft dat
een te dikke aftekenlijn, met als gevolg een plank die net
niet op maat is. Gebruik het stanleymes of een ander mes
om een lijntje te trekken, dan heb je meteen al een fijn
zaaggootje. Ben je een zager die sowieso de neiging heeft
om te zigzaggen, zet dan een latje met lijmklemmen vast
langs de zaaglijn. Zo creëer je een zaaggeleider.
Wanneer je een stalen pijpje of koperen buis recht wil
afzagen, dan is plakband ook een fijne geleider: omwikkel
de pijp net naast de zaaglijn een paar maal met tape.
Je bespaart jezelf veel energie als je het te zagen object
goed vastzet, in een werkbank met lijmklemmen of desnoods met je voet. Zorg ook dat het stuk dat straks na het
zagen gaat vallen, wordt ondersteund. Anders breekt de
plank lelijk af.

❯ Stap 2

Weet je eenmaal op welke lijn je een plank gaat zagen, plak
dan een stukje transparante tape op de zaagsnede; zo voorkom je splinters of slordige afbrekingen aan het einde.

❯ Stap 3

Hoe je je zaag vasthoudt is heel bepalend voor het slagen
van je klus. Plaats de wijsvinger van de hand waarmee je
zaagt tegen het handvat, zo kun je de zaagrichting altijd

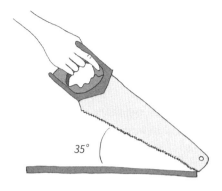

35°

goed in het vizier houden. Zaag steeds in een hoek van 35 graden, dan versplintert het hout minder snel.

❯ Stap 4

Begin het zagen altijd met een trekkende beweging, dus naar je toe. Zet de zaag op het begin van het zaaggootje dat je met een stanleymes hebt gemaakt of zaag net naast de afgetekende zaaglijn, dan zie je wat je doet. (Niet te veel natuurlijk, anders blijft de plank te lang.) Bij het aanzetten van de snede maak je eerst enkele korte heen-en-weer-bewegingen. Na een beginnetje van een paar centimeter kun je de hele tandenrij gebruiken. Maak lange halen, dan ben je eerder klaar.

❯ Stap 5

Probeer tijdens het zagen een ritme te vinden, zeg er wat bij, moedig jezelf aan: één, twee, drie... een, twee, drie... hupsakee... hupsakee... vloeken mag ook of zing desnoods 'Heb je even voor mij' van Frans Bauer, zolang je maar in de maat blijft. Liever niet stoppen voordat je de hele plank hebt doorgezaagd, anders krijg je van die rare invoegstrookjes of zijweggetjes.

Je kunt kiezen voor een zaagmachine, maar daarmee gaat het niet altijd makkelijker en al helemaal niet mooier dan met de hand. Een cirkelzaag is eigenlijk maar een eng ding en alleen bruikbaar voor het grove werk. *Rats, rats...* pas bij

Het zachte zagen

Als je de zaagtanden eerst lichtjes inwrijft met groene zeep, gaat het zagen gesmeerder. Gebruik bij hardhout petroleum.

Een rond gat zagen

Een rond gat zagen gaat het best met een boor en een zaagkrans, een cirkelvormige zaag. Je hebt ze in vele maten en koopt ze meestal per setje van zeven. Zo'n zaagkrans of gatzaag monteer je op de punt van je boor. Laat het toerental van de boor langzaam opkomen en zaag net zolang tot er een keurig rond blokje uit het hout (of het kunststof) valt.
Als het gat niet te groot of heel netjes hoeft te zijn (bijvoorbeeld bij inbouwen), kun je ook meerdere gaatjes in een cirkel naast elkaar boren en het blokje er daarna uit slaan met de hamer.

Triplex en gefineerd hout zagen

Als je een handzaag gebruikt, moet je de afgewerkte kant
boven leggen, want daarin ontstaan tijdens het zagen de
minste blaren. Bij een decoupeerzaag moet het juist andersom, leg in dat geval de afgewerkte zijde onder. Ontstaat er
toch een blaar, spuit er met een tubetje dan wat houtlijm
in en draai daarna de houtklem erop. Of laat het een nachtje staan onder een stapel boeken met een vloeipapiertje
ertussen.

een verbouwing of bij het leggen van een houten vloer denk
je aan zo'n ding. Best een ambitieus karwei voor iemand
die niet echt handig is. Een decoupeerzaag — met z'n kleine
zaagjes, niet alleen voor hout maar ook voor kunststof,
steen of metaal — is een preciezer werktuig. Voor drie tientjes heb je al een behoorlijk goeie, maar je hebt er wel een
vaste hand voor nodig en het kost enige oefening voordat
man en machine één zijn.

BETER BOREN

Sommige mannen — zelfs de onhandigste types onder
ons — hebben boorgereedschap in huis waar je tramrails
mee kunt aanleggen. Terwijl je met een ouderwets fretje
vaak al een heel eind komt. Zo'n eenvoudig handboortje
in de vorm van een klein uitgevallen kurkentrekker komt
bijvoorbeeld goed van pas bij het voorboren in zachte

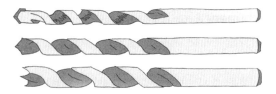

Van boven naar onder: steenboor, houtboor, metaalboor

materialen. Je gaat er makkelijk mee door leer, kunststof, gipsplaat of spaanplaat. Het hoort standaard in je eerste-hulpgereedschapsdoos.

Voor het wat grotere werk kun je in de meeste gevallen vertrouwen op een krachtige snoerloze accuboormachine. Of het moet beton of staal zijn, dan komt er een machine met een snoer aan te pas waarmee je kunt drillen. Zo'n apparaat kan meer toeren maken en heeft een klop-functie.

Met een stap-voor-stapcursus boren ben je zo boormeester eersteklas.

STAPPENPLAN **Boren** —————————————————————

❯ Stap 1
Safety first. Je wilt niet meteen versmelten met je boor-machine, dus controleer eerst — desnoods met een leidingdetector — of je bij het boren in muur of plafond de elektriciteitsleiding niet raakt. Door schade en schok-

ken wijs geworden, gooi ik altijd het voedingssnoer over mijn schouder. Komt daar in ieder geval geen boor of zaag in.

❯ Stap 2

Kijk naar het materiaal en bepaal op die manier welk soort boortjes je nodig hebt. Dus steen-, hout- of metaalboren? De diktemaat van een boor is afhankelijk van de diameter van het gewenste gat, dat weer samenhangt met de maat van de plug.

❯ Stap 3

Bepaal de diepteaanslag. Om de diepte van het te boren gat te bepalen houd je de schroef of de plug naast je boortje. Markeer het boortje vervolgens met een stukje schilderstape. Veel verder mag je straks niet gaan.

❯ Stap 4

Zet nu de punt van het boortje op de plek waar je het gat wilt hebben en laat de boormachine langzaam op toeren komen. Zet niet te veel druk op je boormachine, ga om de vijf tellen losjes heen en weer zodat je makkelijk het boorgruis of boormeel kunt lossen. Zo wordt je boortje ook niet te heet. Bij een stenen muur: boor altijd een fractie dieper dan de plug, zo weet je zeker dat de plug past. En erg belangrijk: houd je boormachine tijdens het boren recht — vooral bij zacht gips, poreus gasbeton of teer pleisterwerk —, dit voorkomt een te ruim gat.

❯ Stap 5

Blaas het gruis uit het gaatje of gebruik een stofzuiger, dan kun je meteen het baksteenpoeder of ander gruis opzuigen. Sla ten slotte de plug voorzichtig in het gat. Doe dat het liefst met een rubberhamer, anders verniel je de plug. Daarna kan de schroef erin.

Boortips

Fineer of laminaat Pas op, bij boren in gefineerd hout of in laminaat geldt precies het omgekeerde van zagen met een decoupeerzaag. Door de druk op de boor kan de coating aan de onderkant versplinteren. Houd daarom altijd het vlak dat later zichtbaar zal zijn naar boven.

Harde muren en gladde tegels Sommige mensen zetten bij keihard materiaal hun boor meteen in de klopstand. Bij stenen muren is dat een goed idee, maar in het geval van tegels kan dat je duur komen te staan; die barsten subiet. Begin met een laag toerental en plak voordat je begint te boren een stukje schilderstape op de tegel, dan glijdt de boor niet weg.

Metaal Boor bij een metalen ondergrond het liefst in etappes. Als het een groot gat moet worden, kun je het beste eerst met een dun boortje voorboren, anders slaat de kop van je machine misschien vast of vliegt het staal je om je oren. Soms is voorboren overbodig en volstaat een tikje met een zogeheten centerpons, een drevel voor metaal.

SCHILDEREN MET VERVE

Schilderen is een rotklus, en dat komt vooral omdat het hele huis overhoop ligt wanneer de muren en het houtwerk een lik verf nodig hebben. Alles wat geen nieuw kleurtje behoeft, moet worden afgedekt of afgeplakt. Ineens lijkt het wel of je bij het circus werkt: je bent sowieso al een dag kwijt met opzetten en voorbereiden. Bovendien is schilderen precisiewerk, vooral het lakken, dat doet denken aan de kleurplaten van vroeger: altijd netjes binnen de lijnen blijven. En dan hebben we het nog niet eens over de voorbereiding, ofwel het schuren en het verwijderen van oude verfresten.

Maar zoals bij elke moeilijke klus is het resultaat des te bevredigender. Je huis is als nieuw, elke keer als je de deur binnenstapt denk je: woon ik hier? Wat een licht, wat ruikt het fris! Allemaal omdat je de boel eens goed in de verf hebt gezet.

Je kunt het ook door anderen laten doen. Neem dan wel een geregistreerd schildersbedrijf in de arm. Polen en Roemenen zijn veel goedkoper, maar de communicatie verloopt vaak moeizaam. Je spreekt bijvoorbeeld af dat alles 'zwart gaat' en vervolgens schilderen ze alles zwart, terwijl je het alleen over betalen had. Bovendien kun je je nergens op beroepen wanneer er iets fout gaat. Garantie tot de eerste scheur, en die ontstaat vaak als ze nog maar net de deur achter zich dicht hebben getrokken.

Dus toch maar zelf doen? Hier zijn een aantal stappen die je op weg helpen. Eerst wat tips voor lakken, dan voor de muren verven. Logisch, want muurverf die je op gelakt houtwerk morst, veeg je er zo weer af; andersom is veel moeilijker.

STAPPENPLAN *Lakken*

❯ Stap 1: Materiaal

Zorg dat je goed en genoeg materiaal in huis hebt. Dus niet alleen verf, maar ook schuurpapier, afdekfolie, roerstokjes, terpentine, doekjes, kwasten en rollers. Met lakrollertjes is het op grote of lange oppervlakten zoals deuren en plinten heerlijk en snel verven. Kwasten mogen zo min mogelijk haren verliezen, ook hiervoor geldt: goedkoop is duurkoop. Voordat je begint te verven, haal je de kwast even langs een velletje schuurpapier of kam je de losse haren eruit met een staalborstel. Om beter in de hoeken van sponningen of deurportalen te komen, kun je een platte kwast schuin afknippen. Blaas eerst het stof van het deksel voordat je het blik opent, anders kun je strak lakwerk meteen vergeten. Als je niet wilt dat je kwast in de verfpot valt, sla dan een spijker door de steel zodat de kwast aan de rand van het verfblik blijft hangen.

❯ Stap 2: Voorbereiding

Driekwart is voorbereiding en die begint al bij het testen van de ondergrond, de oude verflaag. Bestaat die uit acryl-verf (op waterbasis), dan is hij alleen overschilderbaar met

Van links naar rechts: lakrol, vachtrol, platte kwast, blokkwast

acryl en niet met alkydverf, waarin een hoge concentratie oplosmiddelen zit. Je kunt dit testen door een kozijn of deur af te nemen met een doekje met wat thinner. Wordt het oppervlak plakkerig, dan zit er acrylverf op. Gebeurt er niets, dan is er sprake van alkyd.

Nu je toch aan het testen bent, kun je meteen de conditie van de oude verflaag controleren. Plak er een stukje schilderstape op en trek dit er met een forse ruk weer van af. Blijven er flinters verf aan de tape zitten, dan zit er niks anders op: dat wordt krabben, afbijten — of bij heel rotte verflagen en verweerd hout zelfs afbranden. En dan moet de hele zaak daarna nog eens extra in de grondverf. Misschien een moment om de winterschilder te bestellen, of desnoods de zomer-Pool.

Vochtplekken op hout kun je het best eerst behandelen door ze in te smeren met vaseline. Een nachtje laten intrekken en 's ochtends afnemen. Is de boel al gaan rotten, dan verwijder je de schimmel met een ander aardolieproduct: petroleum.

Valt het allemaal wel mee met de ondergrond, dan volstaat licht schuren en vetvrij maken met ammoniak of het Franse wondermiddel St. Marc, tegenwoordig ook verkrijgbaar in de betere doe-het-zelfzaak. In erg vervuilde gevallen heb je aceton nodig.

❯ Stap 3: Afdekken

Afdekken en afplakken doe je nadat je geschuurd hebt, anders krijg je later bij elke stap over het afdekfolie stofdeeltjes op het verse lakwerk. Heb je van nature een vaste hand, dan is afplakken overbodig. Bij het verwijderen van schilderstape trek je namelijk algauw stukjes muur of verf mee. Gebruik in ieder geval schilderstape met een milde kleeflaag en verwijder de tape altijd direct na het beëindi-

Mdf of een gladde ondergrond lakken

Mdf ziet er misschien glad en direct overschilderbaar uit, maar dat is schijn. Dit veelgebruikte materiaal van samengeperste vezels heeft een sterk zuigende werking. Je hebt eerst speciale mdf-grondverf nodig. Ook voor gladde ondergronden als glazuur (tegels), kunststof of metaal zijn speciale primers in de handel, zodat je ze daarna mooi kunt lakken.

gen van de klus. Veel gepriegel met tape kun je voorkomen door de afdekplaatjes van de schakelaars en stopcontacten te demonteren. Zet onderwijl wel de stroom uit.

Deurklinken en kastknoppen houd je verfvrij door ze dunnetjes in te smeren met vaseline, zodat de lak er niet aan vast kan plakken. Kan de deur er helemaal uit? Mooi zo, meestal til je een deur in een wip uit zijn scharnieren. Leg hem plat op de grond, dat schildert makkelijker en mooier, want je krijgt minder druipers. Als je ramen en ander ruitenwerk van tevoren insmeert met groene zeep, zijn de verfspatten makkelijker te verwijderen.

◗ Stap 4: De verf
Roer de verf goed om, een beetje verdunnen met terpentine wil weleens helpen voor het gemakkelijk uitstrijken. In het geval van een eerder gebruikte bus lakverf: verwijder eerst het velletje om klonten te voorkomen.

❯ Stap 5: Lakken

Hèhè, eindelijk kun je gaan lakken. Gebruik je een kwast, onthoud dan het volgende. Doop de kwast maar voor een derde in de verf; zo strijkt de verf regelmatiger uit en druipt hij niet over je vingers of handschoen.

Zet de lak eerst op in verticale banen en strijk horizontaal uit. Breng liever twee dunne lagen aan dan in één keer de volle laag, zo voorkom je druipers. Laat de lak eerst goed drogen voordat je een tweede laag aanbrengt. Bij deuren en ramen kunnen de randen vollopen met verf. Strijk de kwast van binnen naar buiten om dit te voorkomen. Bij het lakken van grote oppervlakten, zoals deuren, verdeel je het schilderwerk het best in een aantal vlakken. Zo onthoud je waar je bent gebleven.

Ik vind zelf schuimrubberen lakrollertjes prettiger werken dan kwasten. Je doet op deze manier ook veel langer met je verf. Zorg wel dat zo'n lakrolletje zich goed volzuigt met verf, anders krijg je luchtblaasjes in de laklaag.

STAPPENPLAN *Latex* ————————————

❯ Stap 1: Materiaal

Na lak komt latex, de muren dus, en daarmee ben je veel sneller klaar, tenminste — alweer — als je je werk goed voorbereidt en het juiste materiaal in huis hebt. Denk aan afdekfolie, een verfemmer, een druiprooster, een stok voor hoge muren en plafonds, en een paar goeie vachtrollers. Gebruik nooit oude rollers, daarin zit altijd nog een beetje kleurstof van de vorige verfbeurt. Een blokkwast voor de

omtrek van de muur en een kleine
kwast voor in de hoeken zijn ook
geen overbodige luxe. Je verfbak
kun je meermaals gebruiken als je
er een pedaalemmerzakje overheen
trekt voordat je de verf erin gooit.
Maak het jezelf makkelijk: koop een

verfgarde die in je handboor past om de latex te roeren.

➤ Stap 2: De ondergrond

Controleer de ondergrond. Heb je te maken met behang,
dan kan het papier tijdens het verven zo nat worden dat
het van de muur af komt. Om dubbel werk te voorkomen
kun je het oude behang beter eerst verwijderen. Daarvoor
kun je een stoomapparaat huren.

Zuigende muren of plafonds (vers gestuukte muren of
spuitpleister in nieuwbouw) zuigen qua liters verf ook je
portemonnee leeg. Breng daarom eerst een voorstrijkmiddel aan. Verf op korrelige muren laat tijdens het rollen
los. Ook dat kun je voorkomen met voorstrijkmiddel,
waarmee je de muur als het ware van een flinterdun laagje
folie voorziet.

In monumentale panden zijn de plafonds vaak gewit met
kalk. Die kun je niet zomaar overschilderen met latex, dan
gaat de zaak meteen bladderen. Dat wordt voorstrijken
met een speciaal sausje (vraag ernaar bij de verfhandel) en
in het ergste geval zul je zelfs de oude laag moeten verwijderen. Vochtkringen op muur of plafond verdwijnen het
best achter een laagje aluminiumverf. Bleek ze desnoods
voor met bleekmiddel en een spons of een tampon. Pro-

beer altijd eerst te achterhalen waar het vocht vandaan komt en het vochtprobleem op te lossen, want anders keren die bruine vlekken zo weer terug.

❯ Stap 3: Verlichting

Zorg voor goede verlichting. Daglicht is natuurlijk het beste, maar mocht dit niet aanwezig zijn, gebruik dan een goedkope tl-balk. Deze speciale tl-lampen vind je bij de bouwmarkt.

❯ Stap 4: Schilderen

Verdeel de muur met de blokkwast in vakken van ongeveer 1 m². Doop de vachtroller in de verf en rol er een paar keer mee over het verfrooster dat in de emmer hangt. Er moet genoeg verf op de roller zitten, maar beslist niet te veel. Anders gaat de verf alleen maar rondspatten. Zet per vak telkens een horizontale baan op en rol die verticaal uit.

Kwasten (en rollers) hergebruiken

Kwasten die je volgende dag weer nodig hebt, kun je in plaats van schoonmaken of uitwassen beter verpakken in aluminiumfolie of een boterhamzakje. Ben je helemaal klaar, gooi de kwasten dan weg. Werken met oude kwasten wordt een rommeltje, ze zijn te hard of er zitten korrels en klonten in.

Wanneer je een plastic zakje over rollers heentrekt, drogen ze niet uit. Je kunt ze ook in een laagje water zetten.

Eerst wit, dan rood

Ineens denk je: die witte muur moet rood of bruin. Dat gaat zomaar niet, dat kost heel veel lagen. Verf de muur eerst geel, daarna dekt rood of bruin moeiteloos.

Werk van boven naar beneden zodat je de gemorste verf kunt meenemen of druipers kunt uitrollen. Begin daarom met het plafond en verf daarna pas de muur.

Pauzeer niet te lang, want dan krijg je een vlekkerig resultaat. Het beste is om een muur of plafond in één keer af te maken.

Opruimen en schoonmaken

Nu ben je klaar met schilderen, maar is het ondanks het gebruik van afdekfolie, schilderstape en werkkleding toch nog een zootje geworden. Op de ruiten, op de plinten, en zelfs op de meubels... overal spatten en vlekken. Ik zou je nu zo kunnen doorsturen naar een van de volgende hoofdstukken, maar dat is flauw nu de nood zo hoog is.

- **Verf in je haar** Is het latex, sprenkel dan wat olijfolie op een wattenschijfje en wrijf daarmee de smurrie uit je kapsel. Lakverf is vervelender. Druppel een beetje terpentine op een doekje en pak er de besmeurde pluk haar mee vast. Trek zachtjes het doekje over het haar.

- **Verf op je kleding** Bij latex meteen laten weken in koud water, daarna wassen in de machine. Pak bij lakverf meteen een doekje met terpentine of wasbenzine. In het ergste geval moet je je kleren chemisch laten reinigen.
- **Latex op meubels** Verwijder met babyolie of met WD-40.
- **Witkalk of latex op de vloer** Neem af met een sopje van soda en azijn.
- **Verfspatten op (lamp)glas** Gebruik een beetje nagellak-remover, of heb je aceton?
- **Verfgeur** Sommigen vinden het lekker fris ruiken, anderen worden er misselijk van: verflucht! Wil je ervan af, zet dan in elke hoek van de kamer een bakje met een zoutoplossing, die de verfgeur absorbeert.

3 NAT EN WATT

Water, gas en elektriciteit worden vaak als drie-eenheid gepresenteerd, en er bestaan vakmannen die van alle drie verstand hebben. Kijk maar eens in de *Gouden Gids*. Dat zou ik zeker doen als het om gas gaat, want mijn motto luidt: blijf met je handen af van gas. Je blaast niet alleen jezelf op, maar ook nog eens de buren.

Aan water en elektriciteit daarentegen valt zelf nog wel iets te sleutelen zonder dat je tot aan je knieën in het water staat of dat je haren recht overeind gaan staan van een elektroshock. Als je één ding onthoudt, kan er weinig misgaan: draai wanneer je gaat sleutelen aan een kraan altijd de hoofdkraan dicht, en als je gaat peuteren in een stopcontact, zet dan de betreffende groep of zelfs de hoofd-schakelaar uit. Bij water gaat het om een grote blauwe hendel, die vlak naast de watermeter zit. Kijk eens in de meterkast of (bij oudere huizen) in de kruipruimte onder een luik bij de voordeur. In een modern huis zitten er onder de gootsteen meestal stopkraantjes (warm en koud) die je moet dichtdraaien.

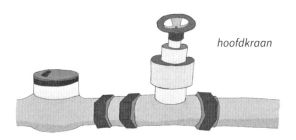

hoofdkraan

Voordat ik zelf aan ingewikkelde handelingen met schakelaars of kranen begin, maak ik met mijn mobieltje foto's van de verschillende werkfases. De boel weer in elkaar zetten wordt zo een stuk makkelijker. Maar zelfs met deze voorzorgsmaatregel zou de operatie weleens kunnen mislukken en wordt doe-het-zelven alsnog een dure grap. Plan water- en elektriciteitsklussen daarom liever niet 's avonds of in het weekend, want dan is het meestal lastig en kostbaar om in geval van nood een vakman te raadplegen.

WATER EN CV

Water is meer dan alleen het water dat uit de kraan komt. Water moet ook weer zijn weg terugvinden via de afvoer — en die is soms verstopt. Ook je wasmachine, vaatwasser en cv-ketel zijn op de waterleiding aangesloten. Die cv-ketel moet regelmatig worden bijgevuld anders valt de druk in je centrale verwarming weg. Geen zorgen, je hoeft niet meteen een volleerd loodgieter te worden om deze klussen te klaren. Bovendien is een nat pak het ergste dat je kan overkomen.

Toevoer en afvoer

- **Slap straaltje uit de douchekop** Negen van de tien keer zitten de gaatjes vol met kalkgruis. De douchekop krijg je schoon door hem in te spuiten met een ontkalkend schoonmaakmiddel, Ajax bijvoorbeeld. Vervolgens borstel je de gaatjes af met een nagel- of afwasborstel. Je kunt de douchekop ook een paar uur laten weken in azijn.

- **Trage watertoevoer naar de wasmachine** Ook dit ligt vaak aan kalkafzetting. Haal de waterslang van de kraan af en controleer het zeefje dat tevoorschijn komt. Maak het schoon of vervang het indien nodig.

- **Sputterende kranen** Schroef de kraanmond los en vervang het dichtgeslibde zeefje. Wanneer je de kraanmond weer monteert kun je de schroefdraad het beste even inwrijven met zeep of vaseline. Zo draai je hem de volgende keer makkelijker los.

- **Een druppende kraan** Meestal is het kraanleertje aan vervanging toe. Ik zou bijna willen zeggen: 'Dan is de hele kraan aan vervanging toe.' Een moderne kraan heeft immers geen leertje meer, maar keramische schijven en is vrijwel onderhoudsvrij. Maar ben je gehecht aan die antieke badkraan met porseleinen knoppen, vervang dan toch maar een leertje.

Kraanleertje vervangen ———————————

● Stap 1

Sluit de hoofdkraan af of draai de stopkraantjes die onder de wasbak zitten dicht. Haal daarna de knop van de kraan. Die zit vastgeschroefd of zit op een koperen kroontje gedrukt.

● Stap 2

Nu kun je de chromen huls optillen en komt er een koperen moer tevoorschijn, de zogenaamde pakkingmoer. Draai deze los met een bahco of waterpomptang.

● Stap 3

Vervolgens haal je het binnenste van de kraan eruit. Aan het eind daarvan zie je een staafje met een ring, waartegen het rubbertje is geplakt. Dat rubbertje heet het 'kraanleertje'. Trek het eraf en vervang het. Daarna zet je de boel weer vast.

Let op dat je met al die tangen en sleutels het chroom niet beschadigt. Leg om dit te voorkomen een doekje tussen de tanden van je gereedschap en de kraan.

Maar nogmaals, ik blijf erbij: een kraan vervangen is beter, op de lange termijn zelfs voordeliger. En moeilijk is het niet sinds er flexibele waterslangetjes en knelkoppelingen bestaan.

Kraan monteren

❯ Stap 1

Kijk voordat je begint met het vervangen van de kraan of het om een waterleidingbuis van 12 of 15 mm gaat. Draai de stopkraantjes of de hoofdkraan dicht. Als er aan een oude kraan al flexibele waterslangen zitten, draai je die los. Eerst aan de kant van de waterleiding of het stopkraantje, daarna aan de onderkant van de kraan.

Als er verchroomde buisjes aan de kraan zitten, zaag je die achter de oude koppeling los, zodat er een stukje koperen waterleiding vrijkomt. Hierop kun je straks een nieuwe knelfitting monteren.

❯ Stap 2

Verwijder de oude kraan door onder de wasbak de grote centrale kraanmoer los te draaien.

❯ Stap 3

Plaats de nieuwe kraan in het gat in de wasbak en zet hem vast volgens de instructies van de fabrikant (let op dat je alle ringen in de juiste volgorde plaatst. Als eerste de rubberen ring, anders barst je wasbak.)

❯ Stap 4

Bij een nieuwe kraan worden de flexibele toevoerslangen meestal meegeleverd. Draai die onder in de kraan, in de toevoerpunten voor warm en koud water (rood bij rood, blauw bij blauw).

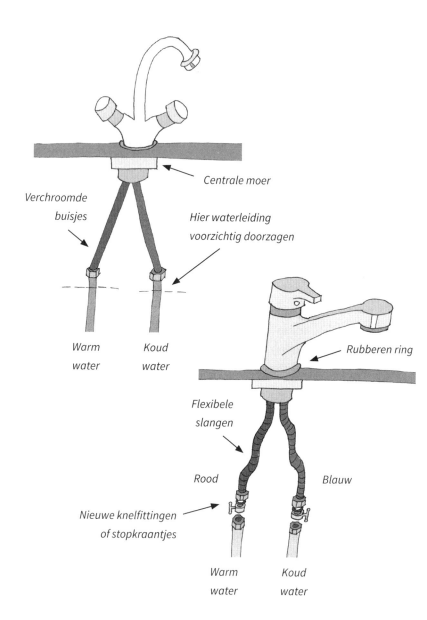

Centrale moer

Verchroomde
buisjes

Hier waterleiding
voorzichtig doorzagen

Warm
water

Koud
water

Rubberen ring

Flexibele
slangen

Rood

Blauw

Nieuwe knelfittingen
of stopkraantjes

Warm
water

Koud
water

❯ Stap 5

Als er al tussenkraantjes zijn, kun je nu de flexibele waterslangen op de kraantjes schroeven. Controleer eerst of de
rubbertjes nog in de aansluitmoeren zitten. Voor de zekerheid tape je de schroefdraad extra af met teflontape, tegen
het lekken. Daarna pas draai je de moer eroverheen.

Zijn er nog geen stopkraantjes, dan kun je ze meteen plaatsen. Nu de hoofdkraan toch is afgesloten, kan dat klusje
er ook nog wel bij. Die tussenkraantjes bevestig je met een
knelkoppeling heel makkelijk op de waterleiding die je net
hebt doorgezaagd. Wel de uiteinden van de koperen buisjes
eerst even schuren, vooral vanbinnen, anders gaat de
waterleiding straks fluiten.

Knap hoor, de kraan is gedaan. Nog wat handige watertips:

- **Ontstoppen** Te weinig water is vervelend, te veel ook,
  zeker als het om een verstopte wc of gootsteen gaat.
  Voordat je overgaat op een agressief middel als *caustic
  soda*, dat de verbindingen van pijpleidingen kan stukbij-
  ten, kun je proberen te ontstoppen op de conventionele
  manier, met een rubberen plopper voor de afvoer of een
  spiraal voor de wc. Zorg bij het gebruik van de zuignap
  dat er water in de wasbak staat. Geen resultaat? Lees
  dan verder.
- **Verstopte sifon of dichtgeslibde zwanenhals** Het lukt niet
  met een plopper wanneer het vuil vastzit in de zwanenhals onder je wasbak. Dat betekent dat je onder het
  aanrecht of de wasbak moet kruipen. Zet een emmer

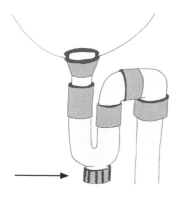

zwanenhals

onder de zwanenhals, en draai het dopje los dat in de bocht van de zwanenhals zit. Kijk eens wat er allemaal tevoorschijn komt: een muntje, haren, drab.

Maak de zwanenhals schoon en draai hem weer dicht. Klaar is Kees. Je kunt je afvoer voortaan een hele tijd schoonhouden en probleemloos gebruiken door er regelmatig een handje soda in te gooien. Koffieprut schuurt ook heel doeltreffend de verstopte maag van je afvoer. En dit is een tip van oma: de bruistabletten voor een kunstgebit hebben ook een geweldig reinigende werking op putjes, gootstenen en wc-potten.

- **Een prop in je toiletpot** Je trekt door en ineens komt daar de Niagara-waterval over de rand van je wc gestroomd, inclusief alle vuiligheid. Heb je een tuin-slang in huis? Gelukkig maar! Koppel het ene eind van de slang aan de dichtstbijzijnde kraan. Duw het andere eind zo diep mogelijk in de toiletpot en zet de kraan open. Door flink te woelen en te spoelen zakt de prop hopelijk naar beneden. Tja, en anders is het helaas tijd om een 24-uurs-hulpdienst te bellen.

- **Stinkende fonteintjes** De fonteintjes in toiletruimtes staan vaak lang droog, waardoor ze een putlucht veroorzaken. Laat eerst wat water in de afvoer lopen en giet er tegen verdamping en het droogstaan een beetje slaolie of olijfolie achteraan.

- **Kapotte stortbakken** Aan een kapotte stortbak valt — zeker als hij is ingebouwd — weinig te repareren. Na een jaartje of zeven zijn ze op of zijn bepaalde onderdelen aan vervanging toe. Het meest voorkomende euvel is dat het water blijft doorlopen in de wc. Dan stijgt de vlotter niet goed bij het vollopen van het reservoir; het overtollige water blijft doorstromen. Een vlotter herken je aan een plastic bal die vastzit aan een metalen arm, de vlotterarm. Elke keer nadat je hebt doorgetrokken loopt de stortbak vol, de vlotter stijgt mee tot het punt dat de metalen arm het kraantje afsluit. Kijk eens of je het stelschroefje kunt vinden waarmee je de hoogte van de vlotterarm kunt afstellen. Bij een oude stortbak kun je ook proberen om de metalen arm voorzichtig bij te buigen.

Cv

Wanneer je cv-ketel door een te lage druk afneemt in capaciteit, zul je die moeten bijvullen. De druk die het metertje op je cv-ketel aangeeft mag nooit onder de 1 bar staan. Bijvullen is voor elke type ketel anders, raadpleeg eerst de gebruiksaanwijzing. Alvast één waarschuwing vooraf: vergeet nooit, maar dan ook nooit de kraan dicht te doen na het bijvullen. Anders word je de volgende ochtend wakker drijvend op je matras, en de onderburen ook.

Eigenlijk allemaal rotwerk, met de nodige risico's van dien. Daarom kun je veel beter een ketel leasen. Op die manier abonneer je je op uitstekende service, en of het nou kerst is of diep in de avond, die leasebedrijven staan altijd voor je klaar. Bovendien lease je vaak de zuinigste ketel met het beste rendement.

Maar helaas, regelmatig ontluchten moet je zelf blijven doen. Als de radiatoren borrelen of maar gedeeltelijk warm worden, zitten er luchtbellen in. De ontluchtingskraantjes zullen moeten worden afgetapt totdat de lucht eruit is verdwenen. Dat gaat in vijf stappen.

STAPPENPLAN *Ontluchten* ————————————————

> **Stap 1**

Draai alle radiatoren open zodat de lucht zich kan verzamelen bij de ontluchtingsventielen.

> **Stap 2**

Trek de stekker van je cv-ketel eruit en wacht tien minuten.

> **Stap 3**

Begin bij de laagst gelegen radiator in huis en draai het ontluchtingsventiel, een kraantje dat vaak onderaan rechts of links van de radiator zit, open. Als het goed is, heb je daar zo'n vierkant sleuteltje voor in huis, zo niet ga dan even langs bij de ijzerhandel en vraag om een ontluchtingssleuteltje. Bij nieuwe modellen kun je ze vaak ook opendraaien met een kleine sleufschroevendraaier. Eerst hoor je een sissend geluid, en zodra er een waterstraaltje uit komt, kun je het ventiel weer dichtdraaien. Houd een bekertje of een doekje bij de hand om het vocht op te vangen. Doe dit met alle radiatoren.

❯ Stap 4

Kijk in de gebruiksaanwijzing van je cv-ketel of en hoe je hierna het rode expansievat moet ontluchten. (Ben je je gebruiksaanwijzing kwijt, tik dan op internet het type ketel in. Goede kans dat je de handleiding terugvindt.)

verwarming ontluchten

⊘ Stap 5

Schakel de cv-installatie weer in en kijk op het display of er nog voldoende waterdruk is. Het metertje of digitale schermpje mag niet lager staan dan 1 bar. Anders moet de cv-installatie worden bijgevuld, en helaas: dan kun je weer helemaal opnieuw beginnen met ontluchten.

ELEKTRICITEIT

Laat ik er voor het gemak van uitgaan dat je de wetten en raadselen van de elektriciteit naast je neer hebt gelegd sinds je voor het laatst met een elektrodoos hebt gespeeld. Een stekker aan een snoer zetten of een lamp indraaien gaat nog net. En dat is misschien maar goed ook, want wat voor gas geldt, geldt in iets mindere mate ook voor elektra. Voor je het weet blaas je de stoppenkast op, of zitten de buren ook zonder stroom omdat jij zo nodig de föhn van je liefste wilde repareren. Doe-het-zelven is leuk, maar de vonken hoeven er echt niet vanaf te spatten. Toch een paar tips.

Elektratips

- **Draadkleur en stroom** Al die draden, al die kleurtjes, hoe zit dat eigenlijk? Bij een huis met een moderne elektrische installatie (na 1970) komt uit een centraal-doos in het plafond of een schakelaar aan de muur een

Maak het jezelf makkelijk

Zie je bij het grofvuil een kapotte lamp staan? Of die defecte cd-speler? Haal de snoeren eraf! Ik heb thuis een paar van die afgeknipte reservesnoeren liggen. Dat bespaart werk, want je hoeft later geen stekker of schakelaar meer te monteren. Die zit er al op en is van veilige fabriekskwaliteit. En als je verlegen zit om een heel lang verlengsnoer, trek dan de kabel uit een afgedankte stofzuiger. Wel even bij de elektriciteitswinkel een 'vrouwtje' kopen, een vrouwtjesstekker welteverstaan. Vervolgens zelf eraan zetten, dat kun je best. Nee? Nou, dan ontbloot je eerst het uiteinde van een tweeaderig snoer. Schroef vervolgens de stekker open, nu zie je twee schroefjes onder aan twee holle staafjes, en twee schroefjes die op een beugeltje zitten. Onder dat beugeltje wordt het snoer klemgedraaid, zodat het niet uit de stekker kan schieten. Doe dat eerst. Draai de andere schroefjes los zodat je in elk staafje één ontblote ader kunt stoppen. En draai ze weer vast. Stekker dicht en er is licht.

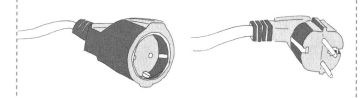

vrouwtjesstekker   *mannetjesstekker*

blauwe draad, een bruine draad en vaak ook nog een gele of groene draad. Die blauwe draad is de nuldraad en is bestemd voor de stroomafvoer, de bruine is de zogenaamde fasedraad voor de stroomaanvoer. Op die derde gele of groene draad staat geen spanning; die is er om de boel te aarden. Dat is nodig bij zware apparaten zoals een wasdroger — die niet voor niets een geaard snoer heeft — of zelfs verplicht in vochtige ruimtes. Verbind uitsluitend draden van dezelfde kleur.

- De **draadstriptang** Dit tangetje is een handige gadget. Wanneer je draden wilt verbinden met een kroonsteentje, een lasklem gebruikt of als je een stekker aan een snoer moet zetten, komt zo'n tangetje goed van pas. Vouw ontblote aders dubbel voordat je ze in een kroonsteentje of stekker steekt. Dat voorkomt rafelen. Als een snoertje onder een schroefje komt te liggen, houdt het beter als je van het uiteinde van de ontblote draad een haakje of een oogje maakt.

- **Stopcontacten en schakelaars vervangen** Als er al een behuizing van de stopcontacten aanwezig is, is dat een fluitje van een cent. Opnieuw: ik maak altijd eerst een

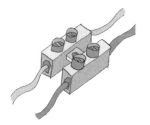

kroonsteentje   *lasklem*

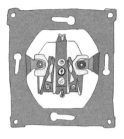

opengewerkt stopcontact   *aardeteken*

digitaal fotootje voordat ik de boel lospeuter. Vaak staat achter op de verpakking welke draad er in welk gaatje moet. Onthoud in ieder geval dit: in het rode aansluitpunt met de letter P of L moet de bruine draad. De zwarte of blauwe draad gaat in de tegenoverliggende klem. Bij een geaard stopcontact sluit je de gele draad aan op het aansluitpunt met aardeteken, een soort dennenboompje dat op z'n kop staat.

■ **Dimmerproblemen** Als een dimmer niet werkt of de lamp begint te flikkeren wanneer je aan de dimmer draait, controleer dan eerst of je de juiste dimmer hebt aangeschaft. Halogeenlicht en gloeilampen zijn twee verschillende dimverhalen. Spaarlampen laten zich niet dimmen, met uitzondering van bepaalde ledlampen, verbonden met een speciale leddimmer. Lees in de gebruiksaanwijzing van de dimmer wat het minimale wattage is dat gedimd kan worden. Zit de lamp (of zitten de lampen) onder dat wattage, dan blijft je lamp flikkeren. Dus moet er misschien een peertje in van 40 watt in plaats van eentje van 15 watt.

Geef de moed niet te snel op als een dimmer het niet

doet. Zelf heb ik in mijn onwetendheid weleens een goed functionerende dimmer weggegooid, niet beseffend dat er in een dimmer vaak een hele kleine zekering zit (een wit porseleinen staafje met twee metalen uiteinden) dat voor een grijpstuiver is te vervangen. Gewoon even vragen bij een lampenzaak.

- **Vastzittende fitting** Je wilt een lamp vervangen, maar dan breekt het glazen peertje van de fitting af. Wat nu? Pak met een plat tangetje de fitting vast en draai hem eruit. O ja, je hebt de stroom er natuurlijk allang afgehaald.

- **Halogeenlamp vervangen** Zo'n halogeentje wordt heel erg heet, dus laat zo'n lampje goed afkoelen. En kom nooit met je blote vingers aan het nieuwe lampje, want dan gaat het gelijk stuk vanwege de vettigheid.

- **Gootjes** Ik heb de pest aan gootjes, van die plastic ondingen die her en der tegen plinten en muren zitten geplakt... zo lelijk. Maar ja, als je een cavia hebt die aan de snoeren gaat knagen, zul je de snoeren toch moeten wegwerken. Ik verstop snoeren als het even kan onder de vloerbedekking, aan de rand bij de muur. Maar eerst zet ik ze vast met duct-tape. Tussen vloer en plint zit vaak een reepje ruimte waarin je een paar snoertjes kunt wegdrukken met een houten spatel. De snoeren van je luidsprekerboxen gaan daar bijvoorbeeld net tussen. Probeer je plinten anders eens van de muur te halen, verstop daarna de snoerenboel achter de plint. In nieuwe huizen gaat dat vaak heel makkelijk, omdat de plinten meestal met een montagesysteem tegen de muren zitten geklikt.

Doorgeslagen stop

Pats! Daar slaat een stop door zodra je de wasmachine aanzet. De oorzaak is vaak overbelasting. Controleer of je afwasmachine en je computer niet ook op dezelfde groep draaien. Dat is iets te veel van het goede. Kijk naar het aantal ampère om te achterhalen wat het vermogen van een stop is. Een vuistregel is dat je de stroomsterkte ((A)mpère) moet vermenigvuldigen met de spanning die doorgaans op apparaten staat (230 (V)olt). Dus een stop waar 10 A op staat, kan tienmaal 230 V, dat is 2300 watt vermogen aan. Als je nagaat dat een wasmachine wel 3000 watt vermogen nodig heeft, heb je alleen al voor je wasmachine een zekering nodig van 16 ampère. Het vermogen staat op een stickertje of print onder of achter op een apparaat.

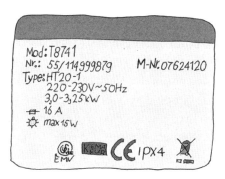

Het ampèregehalte verschilt per groep en het komt weleens voor dat er niet genoeg groepen zijn om het hele huishouden draaiende te houden. Dan wordt het tijd om een elektricien te bellen die de stoppenkast kan uitbreiden.

Het lijkt zo'n eenvoudig klusje: even een lamp ophangen.
Maar niks is 'even' als je het goed wilt doen. Je wilt toch
op z'n minst dat een lamp recht hangt en dat het peertje
tijdens het eten niet verblindend fel in je ogen schijnt.

❯ Stap 1

Schakel de stroom uit en haal het afdekplaatje van de
centraaldoos in het plafond om bij het contact te kunnen
komen. Je kijkt nu in het plastic doosje waaruit in ieder
geval een bruine en blauwe draad komen. Als het goed is,
zit er al een kroonsteentje of een lasklem aan de draden.
Zet er anders eentje op. Uit het plastic doosje komt ook een
metalen haakje; daar hang je straks de lamp aan op.

❯ Stap 2

Maak het snoer aan de lamp op lengte. Wil je een sfeervolle
lichtval én elkaar toch recht in de ogen kunnen kijken, zorg
dan dat er maximaal 60 centimeter zit tussen het tafelblad
en de onderkant van de lampenkap. Een te lange draad kun
je alsnog inkorten. Ben je te zuinig geweest met snoer, dan
kun je weer opnieuw beginnen. Probeer dus eerst zorg-
vuldig uit welke hoogte het prettigst is. Je kunt bij wijze
van proef zelf even gaan zitten terwijl een ander het snoer
tegen het plafond houdt.

❯ Stap 3

Rijg vóór het aansluiten een afdekkap aan het snoer (die
gaat straks tegen het plafond) en daarna het ophangplaat-

je — dat is zo'n plat plaatje met drie oogjes. Door de twee onderste oogjes gaat het snoer en aan het bovenste oogje komt straks het haakje van de centraaldoos.

● Stap 4

Hang de lamp eerst even op voordat je de stroom weer aansluit, dan kun je controleren of de kap recht hangt. Vooral een niet zo zware kap kan weleens scheef hangen. Dit kun je verhelpen door een knoop te leggen in het snoer boven de afdekkap. Hangt-ie goed? Dan kun je het snoer aan het kroonsteentje vastmaken.

● Extra stap

Als de eettafel niet onder de centraaldoos staat, zijn er twee mogelijkheden. Ten eerste kun je een verlengkabeltje aanbrengen vanaf het kroonsteentje en op de gewenste plek een haak in het plafond draaien. Klop wel even om te controleren of de ondergrond niet van gipsplaat is. In dat geval moet je een parapluplug gebruiken (*zie* p. 28).

4 VLUGGE KLUSSEN

Vlugge klussen, noem ik ze maar, want je hebt er haast
geen gereedschap voor nodig. Sommige reparaties zijn zo
makkelijk uit te voeren, dat je denkt: waarom ben ik hier
niet eerder op gekomen? Je moet het net weten, maar met
een handigheidje heb je bijvoorbeeld die krassen op dat
salontafeltje zo verholpen.

Gooi beschadigde spullen dus niet te snel weg. Het mooie
is dat je er niets voor in huis hoeft te halen, want waarschijnlijk ligt de oplossing binnen handbereik. Kijk maar
eens.

- **Kleine krassen of beschadigingen op meubels** Gaat het
  om geverniste meubels dan kun je de krassen bijwerken met transparante nagellak. Beschadigingen op wit
  kunststof fineer maak je onzichtbaar met vloeibare
  Tipp-ex. Deuken of krassen in een zwart laktafeltje kun
  je onzichtbaar bijwerken met een viltstift. Bij bruine
  meubelen gebruik je bruin schoensmeer of notenolie. Of
  heb je verse noten in huis? Als je met een halve wal-
  noot over donker hout wrijft verdwijnen de krasjes ook,

dankzij de olie uit de noot. Gebruik een halve hazelnoot voor licht hout.

- **Loszittende schroefjes** Valt steeds het schroefje uit je brilmontuur? Schroef het vast en verzegel het met transparante nagellak.
- **Een gaatje in de tuinslang** Steek er een stukje hout van een tandenstoker in, dat zet uit door het water. Voor de zekerheid aftapen met duct-tape.
- **Piepende deuren** Ga de scharnieren te lijf met scheer-gel, babyolie, vaseline of zonnecrème. Zolang het maar vet is.
- **Krakende vloerplanken** Hiervoor kun je terecht in het badkamerkastje. Strooi wat talkpoeder tussen de naden.
- **Klemmend sluitwerk, stroef lopende laden** Gebruik een lik vaseline, of wrijf de ladegeleiders in met de onder-kant van een kaars.
- **Vastzittende boutjes, verroest schroevenwerk** In deze gevallen wordt vaak cola aangeraden, maar schroe-ven weken beter los in water met een bruistablet voor kunstgebitten. Wat altijd uitkomst biedt is een spuitbus WD-40.

APPENDIX: GEREEDSCHAP VOOR GEVORDERDEN

- **Snoerloze elektrische schroevendraaier** Dit handzame kleinood staat bij mij altijd standby in zijn oplader. Ik geef de voorkeur aan een kleine krachtpatser van Bosch uit de IXO-serie. Met de los verkrijgbare bits kun je alle soorten schroeven aan, of het nou vreemde TORX-kopjes zijn of die inbusverbindingen bij Ikea-meubels. Koop duurzame, sterke bits en laat je niet verleiden tot een setje van veertig stuks voor een tientje. Na één keer gebruiken zijn die dingen lam of krom.

- **Decoupeerzaag** Deze alleskunner was al voorbijgekomen. Je steekt hem in het stopcontact en hij zaagt, niet alleen hout maar ook kunststof, plexiglas en zelfs de wat zachtere metalen zoals koper en aluminium.

- **Looplamp** Zo'n handzaam, slank tl-lampje met een snoer van een meter of 10 komt goed van pas als je in een bepaald vertrek de elektriciteit hebt uitgezet. En in slecht verlichte ruimtes, zoals het gootsteenkastje met verstopte afvoer, is een looplamp ook ideaal.

- **Stroomhaspel** Een stroomhaspel is een meervoudige stekkerdoos waarin het snoer zich oprolt. Als je gebruikmaakt van verschillende elektrische apparaten, is een stroomhaspel erg handig. En er zit algauw 20 meter kabel op, hetgeen je actieradius enorm vergroot. Nu kun je zelfs fijn klussen in je tuin of op je dakterras. Om oververhitting van de spoel te voorkomen, moet je de haspel helemaal uitrollen.

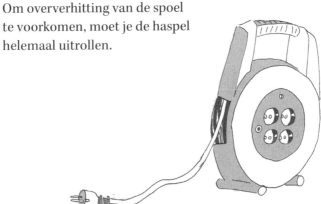

- **Workmate** Een geweldige uitvinding van Black&Decker, de opvouwbare werkbank. Daar is toch wel ergens een plek voor? Bij mij staat hij achter de wasmachine en ik gebruik hem als opstapje om boven me te kunnen werken. In een doorsneewoning kom je er precies mee bij een kroonsteentje aan het plafond.
- **Veiligheid** Wat heb je aan een blinde klusjesman? Nog minder dan aan een dove. Dus veiligheidsbril op bij rondvliegende splinters, en oordoppen in als je met een drilboor van plan bent een muurtje door te breken.

DEEL II
HUISWERK

5 JE HUIS MAKKELIJK SCHOONHOUDEN

Ik heb niet zo'n grote woning. Wanneer iemand me vraagt naar mijn huis antwoord ik altijd: 'Past me als een jas.'
60 m² vierkante meter verdeeld over een open keuken, een woonkamer, een slaapkamer, een badkamer en een wc. Daarmee heb je het wel gehad. O ja, en ik tel vier ramen die af en toe een beurt nodig hebben. Dus misschien heb ik makkelijk praten als ik zeg dat ik er niet tegenop zie om mijn huis schoon te houden.

Ik zal je laten zien hoe je de boel makkelijk netjes, toonbaar en hygiënisch schoon krijgt.

Het scheelt al heel veel heen-en-weer gesjouw als je in de keuken, in de badkamer én op de wc een **spuitflacon** Ajax, Cilit Bang of Vanish Oxi-action hebt staan, kijk maar wat jij het prettigste vindt werken en ruiken. Zowel in de badkamer als in het gootsteenkastje staat bij mij een flacon Glassex, andere goedkopere **glasreiniger** mag ook maar geeft vrijwel altijd strepen. Glassex is multi-inzetbaar, voor spiegels, chromen kranen, rvs-spoelbakken, keuken-

kastdeurtjes — ze krijgen er allemaal Glassex-appeal van. Vooral als je het eerst erop spuit en daarna uitwrijft met een microvezeldoekje. Wow!

Op de wc hoort standaard **wc-reiniger** thuis, zo'n flacon waarmee je onder de rand van de wc-pot kunt komen. Hang in de wc-pot links en rechts een **wc-blok**, daarmee spoelt hij grotendeels automatisch schoon en het ruikt fris. **Bruistabletten** voor een kunstgebit zorgen niet alleen voor een stralende tanden, maar ook voor een stralend witte porseleinen toiletpot. Aangezien er op mijn wc altijd een pakje **vochtig toiletpapier** ligt, kan ik met zo'n natte tissue snel even de bril doen. Is dat weer gedaan.

Begrijp je het principe een beetje? Heel veel doe ik even tussendoor, als ik toch in de betreffende ruimte ben. Neem de badkamer. Elke ochtend sta ik onder de douche, maar één keer per week krijgt de douchecabine ook meteen een wasbeurt. Dan neem ik Glassex of Ajax ter hand en dat spuit ik op de tegels, kraan en douche. Daarna ga ik met een spons eroverheen, spoel het af en controleer nog even of het afvoerputje erg vuil is. Binnen tien minuten is mijn douche schoon voor de komende week.

Terug naar de keuken en het gootsteenkastje. Naast de Glassex en Ajax staat daar in een afwasteiltje voor de gootsteen en het gasfornuis een fles vloeibaar schuurmiddel van Cif of een huismerk, maakt niet uit. Die twee maak ik vrijwel meteen na het eten schoon met een duizenddingendoekje. Verder is er een flinke flacon allesreiniger aanwezig en een **flacon vloeibare groene zeep**. Of de vloer nou van laminaat is, vinyl, gelakt hout of dat er tegels liggen, ik durf alle vloeren aan te pakken met allesreiniger. Ook de deuren doe ik met een sopje van twee doppen allesreiniger. Maar als je twijfelt en vreest dat het jou je mooie gelakte parketvloer gaat kosten, gebruik dan een sopje van groene zeep. Dat kan nooit kwaad, als je maar niet al te heet water gebruikt. Voor ongelakte, geoliede parketvloeren gebruik je het beste speciale parketreinigers.

Natuurlijk heb je ook weleens een vlek in gestoffeerde meubels of op je vloerbedekking. Voor zulke noodgevallen is het raadzaam om een flacon Vanish Oxi Action-gel in je gootsteenkastje te hebben.

Om al deze genoemde schoonmaakmiddelen doeltreffend te gebruiken, moet je wel een aantal huishoudelijke artikelen in huis hebben. Bij mij liggen in een **plastic teiltje** met schoonmaakmiddelen altijd een paar **schuursponsjes**, een **gewone spons**, **sponsdoekjes** — ik lijk SpongeBob wel — een **afwasborstel**, een **handwisser**, een **stofdoek** en een paar **katoenen lappen** (versleten ondergoed of oude theedoeken). Met die lappen kun je van alles en nog wat afnemen of snel ingrijpen als je iets gemorst hebt. Daarvoor is ook de keukenrol uitermate geschikt. Een dweil komt er bij mij niet in, althans niet zo'n vies vod dat je met je handen moet uitwringen. In de badkamer heb ik zo'n setje staan: een **mop aan een steel** en een **emmer** waarin je hem kunt uitwringen.

6   SCHONER WONEN

Je kunt je huis veel intensiever schoonmaken dan wat ik in het vorige hoofdstuk heb laten zien. Sommige zaken heb je misschien verwaarloosd en die zijn daarom aan een grondige aanpak toe. Wat dacht je van dat smoezelige douchegordijn of die beschimmelde broodtrommel? Gelukkig bestaan er voor dit soort zaken talloze slimmigheidjes en trucjes, die van generatie op generatie zijn overgeleverd. Ik heb ze door de jaren heen verzameld, of erover gelezen. Als (on)handige man kun je hier echt wat met deze tips. Mij hebben ze in ieder geval al vaak uit de brand geholpen.

KEUKEN

Afwas   Met het eerste geld van mijn studiebeurs kocht ik een stereo-installatie, van mijn eerste salaris kocht ik een vaatwasmachine. Wat een opluchting. Een vaatwasser is niet alleen handig voor servies en bestek, maar ook je duizenddingendoekje kun je erin wassen of de filters van je afzuigkap. Minder geschikt voor een vaatwasser zijn aluminium huisraad, koekenpannen met teflonlaag en houten snijplanken. Die kunnen slecht tegen het agressieve vaat-was- en glansspoelmiddel. Dat geldt ook voor de gouden of zilveren randjes van kopjes of bordjes of beschilderd porse-lein. Ondanks het glansspoelmiddel kan de afwas toch nog dof uit de machine komen, vooral als het om glaswerk gaat. Leg bij heel dof glas een halve citroen in de vaatwasser. Gaat minstens drie beurten mee.

Afwassen met de hand blijft helaas onvermijdelijk, zoals heel vieze pannen. Ik vraag me al jaren af waarom er geen pompje zit op een fles afwasmiddel. Dat is toch veel handi-ger? Ik hevel mijn afwasmiddel daarom altijd over naar een lege flacon handzeep, mét pompje.

Afzuigkap In een afzuigkap zitten filters die je regelmatig moet schoonmaken en als ze van stof zijn op z'n tijd zelfs moet vervangen (kijk voor vervanginstructies in de hand-leiding van het apparaat). Je kunt ze ontvetten door de filters eens in de drie maanden mee te laten draaien in de vaatwasmachine. Of als ze heel smerig zijn kun je ze een nachtje laten weken in een emmer water met een vaatwas-machinetablet.

Bestek Zilverbestek kun je laten glimmen door het in te wrijven met de binnenkant van een bananenschil. Is het zondagse bestek heel zwart geworden? Leg het dan een tijdje in heet water waarin je aardappels hebt gekookt.

Blikopener Op een gegeven moment wordt een opener erg stroef of loopt hij vast in de tomatenpuree. Weggooien? Dat kan altijd nog. Zet hem eerst eens in een kopje verwarmde slaolie en laat hem zo een nachtje staan.

Broodrooster Gek, heb je alles in de keuken schoongemaakt, blijven die rotmuizen nóg komen. Schudt de brood-rooster eens leeg en leg er na gebruik voortaan een snij-plankje op.

Broodtrommel Beschimmeld brood? Dan is je broodtrom-mel ook niet meer helemaal koosjer. Was hem af met water en azijn.

Dekselse doppen of klemmende glazen Conservenpotjes zijn vaak moeilijk te openen, omdat ze vacuüm zijn gezo-gen. Zet even de achterkant van een theelepeltje onder de rand van het dekseltje... *zsst*... *plop*... open! Doppen draai je makkelijk los nadat je ze even onder de hete kraan hebt gehouden. Klemmende, gestapelde glazen trek je onder warm water ook snel van elkaar.

Folie Misschien ben jij er zo eentje die graag aan de rol gaat. Dat komt goed uit, want het is verstandig om in de keuken een aantal rollen folie bij de hand te hebben. Heb je een magnetron, vergeet dan de hittebestendige **magnetronfolie** niet. Je trekt deze over een bakje of bord met eten, even in de magnetron, folie eraf en de geur van een heerlijke maaltijd komt je tegemoet. Magnetronfolie kun je ook gebruiken om etenswaren af te dekken die de ijskast in gaan. Daar kun je ook een aparte rol **plasticfolie** voor aanschaffen.

Iets waar je absoluut niet zonder kunt, is **aluminium-folie**. Deze folie is ideaal om kliekjes in te bewaren, maar doe nooit aluminiumfolie om eten met een hoog zout- of zuurgehalte, zoals gerechten met tomaat of citroen. Je scheikundeleraar had je vroeger kunnen vertellen dat er dan ionenwisseling plaatsvindt, waardoor er aluminium doorlekt naar de etenswaren. In aluminiumfolie kun je ook voedsel bereiden, met name ovengerechten. Je wrijft de doffe kant van het aluminiumfolie in met olijfolie, wikkelt er een visje in met wat knoflook en peterselie, verwarmt de oven voor op 160° en twintig minuten later heb je een heerlijk gerecht. En door aluminiumfolie op de bakplaat te leggen houd je de oven schoon, want van bijvoorbeeld tosti's wil nog weleens kaas druipen. Of wat dacht je van een gepofte aardappel? Aluminiumfolie eromheen en gooi maar op de grill of barbecue. Gebruik nooit aluminium-folie in de magnetron: dat gaat knetteren en vonken van jewelste. Ook handig: van deze folie maak je in een mum van tijd een trechtertje waarmee je bijvoorbeeld olijfolie kunt overhevelen naar een ander flesje. En bij een diner voor twee kun je er kaarsen mee vastzetten in een kande-laar. Om daarna — minder romantisch — de pannen ermee schoon te schrobben.

Chroom krijg je weer aan het glimmen door te poetsen met een prop aluminiumfolie — de glanzende kant altijd naar buiten. Een botte schaar wordt weer scherp als je er een paar maal mee in dubbelgevouwen aluminiumfolie knipt. Batterijen in apparaten waarvan de klemmetjes lam zijn, zet je vast met een stukje aluminiumfolie ertussen, dat geleidt. Gaten en spleten dichten om muizen te weren? Maak balletjes of reepjes van aluminiumfolie en prop ze erin of ertussen. Hier kunnen de muizen niet meer doorheen knagen. Een oude spiegel waarvan de reflecterende achterkant beschadigd is, kun je repareren door folie tegen de achterkant aan te brengen, met de glimmende kant naar buiten. Heb je van die oude reutelende radiatoren die te weinig warmte afgeven? Verhoog dan het vermogen door er hardboardplaten bedekt met aluminiumfolie achter te plaatsen. Zilverbestek of zilveren sieraden kun je polijsten door ze gedurende drie minuten in een met aluminiumfolie beklede pan gevuld met zout water te dompelen. En een onhandige man wil natuurlijk een tuin zo groot als een bloempot, maar stel dat je op je balkon toch een klein moestuintje hebt, dan kun je met reepjes blikkerend aluminiumfolie zelfs vreemde vogels verjagen.

Zie je wel hoe onmisbaar aluminiumfolie is?

Frituurvet Waar moet je met het oude vet naartoe? Gelukkig zit vloeibaar frituurvet tegenwoordig in kleine jerrycans. Bewaar de lege jerrycan om later het oude vet erin over te schenken. Soms zit er zelfs een trechtertje bij. Zo niet, zaag dan met een broodmes de bovenkant van een petfles af. Ik frituur trouwens in een gewone open pan en altijd met olijfolie. Smakelijker, gezonder en je huis gaat er niet van stinken als een Vlaams frietkot.

Gootsteen Je gootsteen blijft goed doorlopen als je af en toe koffieprut in het afvoerputje gooit. Koffiegruis ontvet, schuurt de leiding schoon en bezinkt niet.

Keukenrol Keukenpapier is onmisbaar. Niet alleen voor het vlugge schoonmaakwerk, maar ook om gefrituurde etenswaren op uit te laten lekken, om het vet van de soep af te deppen of als servet. En het is — zeker wanneer je staat te koken — veel hygiënischer dan een duizenddingendoekje. Bij Edet hebben ze iets afgekeken uit de horeca. De keukenrol gaat in een dispenser. Net echt.

Koffiezetapparaat Koffiezetapparaten voor filterkoffie hebben één zwakke plek: het warmhoudplaatje. De teflonlaag laat los vanwege de koffie die zich erin heeft gevreten. Op een gegeven moment blijft de koffiekan eraan plakken. Maak het plaatje regelmatig schoon met keukenrol of wc-papier, nooit met een schuursponsje — daarmee verwijder je de teflonlaag juist. Overigens, je koffiezetapparaat ontkalken met warme azijn geeft nog lang erna een vieze smaak. Gebruik een Kukident-tablet. Wel nog een keer door laten lopen met water.

Kookwekker Op mechanische kookwekkers kun je geen peil trekken, was de weegschaal maar zo soepel met je eigen kilootjes. Ze komen al snel onder de etensresten te zitten en gaan op een gegeven moment helemaal niet meer af. Kies dus voor een digitale kookwekker, daar kan alleen het batterijtje van leegraken, maar intussen blijft je eitje wel zacht.

Messen Bij een beetje goed en stevig vleesmes, groentemes of broodmes loopt het staal van het mes door in het lemmet en het is één mooi geslagen stuk smeedwerk zonder lasnaden, niet zo'n geperst stukje staal uit een mal. Zulke messen zijn duur, maar het aanschaffen waard. Ze gaan een leven lang mee, en natuurlijk wil je ze graag scherp houden zonder ze te beschadigen. Bewaar ze daarom staand in een messenblok of aan een magneetlat (te koop bij o.a. Ikea).

Messen slijpen: ik zie op rommelmarkten vaak elektrische slijpapparaatjes voor een habbekrats. Best handig om in huis te hebben, ook voor scharen. Maar je kunt het ook proberen met een aanzetstaal, zo'n geribbelde staaf die in elk messenblok thuishoort. Met zo'n ouderwets hand-messenslijpertje kom je ook een heel eind. Wel gelijkmatige

handmessenslijper

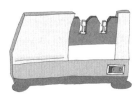

elektrisch slijpapparaat

aanzetstaal

bewegingen blijven maken (naar je toe), anders krijg je braam. Lichte roestvlekjes op messen verwijder je door er stevig een halve ui op uit te wrijven. Dieper roest verdwijnt met een schuursponsje. Doe snijmessen nooit in de vaatwasser, anders brokkelt na verloop van tijd het kunststof handvat af.

Ongedierte Fruitvliegjes houden van zoet en haten zuur. Zet in de buurt van je fruitschaal een schaaltje azijn met een beetje groene zeep. Voor basilicum maken ze ook een omweg. Grotere vliegen houden niet van citroen en ook niet van laurier.

Muizen zijn tegen zo'n beetje alles bestand. Je kunt kieren en gaatjes dichtstoppen met aluminiumfolie. In oude boekjes wordt pepermuntkruid aangeraden. Ik dacht in eerste instantie dat dat alleen werkte bij suffe dorpsmuizen, maar dat het nooit afdoende zou zijn voor die geslepen stadsmuizen. Toch heb ik geen muizen meer sinds er altijd een bosje munt op het aanrecht staat. Je kunt natuurlijk ook een kat nemen, of vind je dat ook een ondier? Leen er dan eentje voor 'n paar weken. Waar een kat is geweest komen heel lang geen muizen meer. Altijd goed je eten opbergen helpt overigens het beste. Niks te muizen, dan geen muizen.

Kakkerlakken houd je buitenshuis als je de keukenvloer eens in de zoveel tijd dweilt met een mix van 2 liter water en het sap van vier citroenen.

Mieren houd je buiten de deur als je de drempel voorzichtig inwrijft met terpentine of wasbenzine. Maar het kan ook diervriendelijker: strooi een beetje kaneelpoeder op de drempel.

Oven/**magnetron** In je oven of (combi)magnetron kan het ongemerkt een bende worden, na intensief gebruik zal er zo'n beetje een volwaardige geroosterde maaltijd in achterblijven. En als ze eenmaal een kiertje hebben ontdekt, wordt zo'n oven een eldorado voor muizen. Een magnetronoven krijg je makkelijk schoon en vetvrij door hem op de hoogste stand te laten draaien met een schaaltje citroenwater erin. Neem daarna met keukenpapier het vet van de wand af. In een smerige oven kun je het best een nachtje een bakje ammoniak laten staan (met de ovendeur dicht). Smeer de ovenruit vanbinnen in met ossengal- of groene zeep. De volgende dag veeg je het vet er zo van af. Veel gedoe kun je jezelf besparen door, als je geknoeid hebt in je oven, snel wat zout op de druipers te strooien. Daarna veeg je die er in een wip weer van af.

Pannen Een pannetje met **aangebrande melk** is eigenlijk iets van vroeger: tien minuten laten staan met zout water of soda en daarna afborstelen. Mijn moeder had om dit overkoken te voorkomen een melkkookpan met van die gaten in het deksel. Tegenwoordig zijn er handige appa-raatjes in omloop om melkschuim te maken voor je cappuccino, bijvoorbeeld van Krups, gemaakt voor Nespresso. Maar de Hema verkoopt ze ook.

Rvs-pannen maak je schoon met een schuursponsje met een beetje azijn en een paar druppels afwasmiddel.

Een **vettige koekenpan** zou ik vettig laten, maar jij vindt dat misschien niet kunnen. Bestrooi hem dan met zout en neem af met keukenpapier. Zet hem in ieder geval nooit in de vaatwasser.

Vlam in de pan: Echt iets voor de onhandige man. Gooi er nooit water overheen, dat verspreidt het vuur alleen maar (er is meestal brandend vet in het spel). Snel een deksel erop, dat is de beste blusser. Zonder zuurstof kan een vuur niet branden.

Snijplanken De snijplank is een broedplaats voor bacteriën. Vooral als je een en dezelfde plank voor vlees, groente en kaas gebruikt, moet je hem echt goed schoonhouden, wil je er niet een keer ziek van worden. Uit voorzorg gebruik ik altijd kunststof snijplanken. Ik stop ze niet in de afwasmachine, want daarin trekken ze krom. In en op een houten snijplank blijft van alles zitten of ze vallen op een gegeven moment uit elkaar aangezien ze niet uit één stuk bestaan, maar uit verlijmde houtdelen. Ook houten snijplanken trekken krom in de vaatwasser, maar daar kun je iets tegen doen: smeer je plank voordat je hem gebruiken gaat in met zonnebloemolie (geen olijfolie, dat gaat plakken). Goed laten intrekken en daarna uitwrijven.

Uien laten hun smaak en geur het meest na in een snijplank. Gooi de snijplank na het snijden van uien meteen in koud water.

Staafmixer Ik laat de staafmixer altijd even nadraaien in een sopje van water en afwasmiddel, maar bij veel staafmixers kan het draaiende gedeelte los worden gekoppeld en kun je dat gewoon in de vaatwasser stoppen.

Tafelkleed Ga je koken voor je gasten en is er — help — geen tafelkleed in huis? Gebruik een bedlaken. Maar je wilt later natuurlijk niet tussen de vlekken slapen. Spuit na het diner de vlekken in met Vanish Oxi Action-gel of zie het vlekkenhoofdstuk verderop.

Thermosfles Die wordt zo weinig gebruikt dat hij altijd muf ruikt als je hem nodig hebt. Ook al heb je je eigen tanden nog, het wordt toch tijd om een buisje Kukident aan te schaffen. Gooi zo'n bruistablet met lauw water in de thermoskan. Laat hem een uurtje zo staan en hij is weer fris.

Waterkoker Het vermogen van een waterkoker neemt af wanneer zich kalksteen op het verwarmingselement of op de bodem heeft gevormd. Laat hem een keer koken en afkoelen met half water, half azijn. Als je snel van de azijnsmaak af wilt, pers je een citroen uit of gebruik je een Kukident-bruistablet. Wat water erbij en nog een keer laten koken.

IJskast Ik had vaak last van een vochtige groentelade, waardoor de sla of de courgettes snel bedierven. Totdat ik op de markt van de groenteman hoorde dat je het beste een krant of keukenpapier onder in je groentebak kunt leggen, dat absorbeert vocht. Mijn groenteman denkt mee: hij wikkelt mijn bosjes peterselie of koriander nu alvast in een stukje krantenpapier. (Zie ook het Geuren-XYZ voor nare ijskastluchtjes, p. 164.)

WOONKAMER

Bank Als een leren bank niet al te vuil is, kun je hem afnemen met een vochtige doek. Gebruik gekookt water of bronwater om kalkstrepen te voorkomen. Soms zijn de hoeken van een leren bank beschadigd. Smeer ze in (en goed uit) met schoensmeer. Als reiniger voor leren meubels kun je onverdund fijnwasmiddel gebruiken. Daarna inwrijven met leerolie. Koop je een oude antieke leren bank met schimmelvlekken dan krijg je die schoon met een papje van talkpoeder, een paar druppels petroleum en brandspiritus. Onder de naam Absorb verkoopt Ikea een kant-en-klaar leersetje met een reiniger en crème. Ideaal, want in de crème zit het leerherstellende paraffine, die stug of hard leer weer soepel maakt.
Een ribfluwelen bank kun je reinigen met een sopje van ossengalzeep. Denk om de kleur, gebruik daarom koud water en probeer het eerst uit op de onderkant. (Zie ook p. 135.)

Beeldscherm Voor het beeldscherm van je computer of flatscreen-tv zijn allerlei middeltjes te koop. Vaak duur en onnodig. Het enige waar je op moet letten is dat je zo weinig mogelijk vocht gebruikt; dat gaat in je toestel zitten.

Gebruik daarom een microvezeldoekje dat heel spaarzaam bevochtigd is met kraanwater of met glasreiniger. Nooit direct een spuitbus erop loslaten!

Cd's of dvd's Bekraste cd's of dvd's zijn niet meteen waardeloos. Poets ze eens op met hetzelfde spul als waar een auto mee wordt verwend: Turtlewax.

Gordijnen Gordijnen kun je eenvoudig wassen op 40° C in de wasmachine. Wel de haakjes eraf halen. Let op: gordijnen krimpen vaak. Laat ze daarom altijd een paar centimeter langer maken dan nodig is en was ze eerst voordat je ze ophangt.

Honden- en kattenharen Deze haren van je meubels en kleding kun je afnemen met een vochtige spons. Maar ben je toch bij Ikea neem dan de Bästis-kledingroller mee. Een soortgelijke roller is verkrijgbaar bij o.a. H&M.

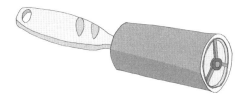

Meubels Bij doffe plekken op houten meubels heb je hopelijk een biertje in huis. Wrijf bruine houten meubels of je houten vloer in met bier. Ze zien er hierna weer uit als nieuw.

Meubels verplaatsen Heb je een houten vloer, leg dan iets onder de meubels dat glijdt, bijvoorbeeld een doek. Of schuif schijfjes aardappel onder de poten van je piano. Sowieso is het handig om onder zware meubels vilten dopjes te plakken. Dan kun je schuiven zoveel als je wilt.

Kringen en vlekken op houten meubels Bij kringen in mahoniehouten meubels doet een prutje van twee eetlepels zout en vier eetlepels boenwas wonderen. Bij kringen in een houten eettafel wrijf je de kringen in met mayonaise, laat je ze vijf minuten intrekken en poets je ze vervolgens uit met een zachte doek. Of luister naar het advies van oma: wrijf een tijdje met een kurk over de kring.

Geverfd, gevernist of gebeitst hout kun je afnemen met wat onverdunde terpentine op een katoenen lap. Gebruik nooit een schuurmiddel.

Diepe vlekken in gepolitoerd hout krijg je weg met koperpoets. Een ambachtelijke oplossing: maak een papje van schoolbordkrijt en water, wrijf in met een katoenen doek en neem af met koud water. Geolied hout stoot als het goed is vlekken en vuil af omdat zowel in de basisolie als onderhoudsolie vuilafwerende zeep en was zitten. Geolied hout is een keuze: je ziet dat er mee en op geleefd wordt. Verdwijnen de kringen met de onderhoudsolie niet, dan zul je ze voor lief moeten nemen of je tafel moeten schuren en daarna lakken, zodat vlekken voortaan afneembaar zijn.

Rvs-meubelen Meubelen, vuilnisbakken en afzuigkappen worden weer shiny met een katoenen lapje en een paar druppels slaolie.

Stofwolken

Helaas bereik je niet elke plek met de hulpstukken van je stofzuiger. Neem bijvoorbeeld de nauwe ruimte tussen de verwarmingsradiator en de muur. Pak een handdoek, zet de stofzuiger alvast aan, wapper en laveer een paar maal met de handdoek achter de radiator en zuig nu snel het stof op dat alle kanten opdwarrelt.

Statisch tapijt Wanneer je de deurklink vastpakt en een schokje krijgt, komt dat waarschijnlijk omdat je tapijt statisch is. Pak de plantenspuit en besprenkel je vloerbedekking met een mengsel van wasverzachter (¼) en water (¾).

Stofzuigen Het liefst zouden we dit karweitje aan een robot overlaten. Maar snoerloze robotstofzuigers zijn nog lang niet om over naar huis te schrijven. Ze schuiven het stof voor zich uit, bereiken de hoeken niet goed of weten het oplaadstation niet te vinden. Dat betekent dat je voorlopig dus beter zelf kunt zuigen, of het de werkster laat doen. Als je het geld kunt missen, zou je een Dyson kunnen aanschaffen: die heeft geen zak, zodat het na het zuigen niet zo muf ruikt in huis. Bij conventionele stofzuigers kun je de stofzuigerstank voorkomen door na plaatsing van een nieuwe zak eerst een beetje waspoeder op te zuigen. Loopt het snoer na het zuigen niet helemaal terug? Doe wat afwasmiddel op een vaatdoekje en trek het snoer door het dichtgeknepen doekje. Nu is de kabel niet meer zo stug en schiet hij weer als een reptiel het apparaat in.

Tapijt Heeft een kast of bank er lang op gestaan dan zie je in de vloerbedekking geplette plekken. Leg ijsklontjes op de plek des onheils, dan komen de vezelharen weer overeind. Andere methode: schraap met een munt over de kale plek. Je kunt er eventueel met een stoomstrijkijzer nog eens lichtjes overheen gaan. Let op: de stand van de strijkbout is afhankelijk van de kwaliteit van de stof van je vloerbedekking. Bij nylon vezels staat het strijkijzer al snel te hoog en kan de boel wegsmelten, met als gevolg dat je vloerbedekking geschroeid en je strijkijzer geruïneerd is.

Tochtkieren Met een brandende kaars kun je tochtkieren opsporen. Loop met de kaars langs deuren en ramen. Je kunt je huis makkelijk tochtvrij maken door een zelfklevende antitochtstrip te plaatsen, verkrijgbaar bij de ijzerhandel of bouwmarkt.

SLAAPKAMER

Dekbedden Ik ben geen liefhebber van donzen dekbedden. Dat al die eendjes niet zo diervriendelijk worden geplukt is al een bezwaar, maar ook gaat het dons op één plaats samenklonteren. Daar is wel iets tegen te doen. Maak voorzichtig een kleine opening in het dekbed en steek er een haarföhn in waarmee je de veertjes rond laat blazen. Wel weer dichtnaaien. Of misschien is het een idee om een donzen dekbed aan te schaffen dat doorgestikt is en dus verdeeld in vakken.

Waarom hebben niet alle dekbedovertrekken (zoals die van

Ikea) in de punten aan de bovenkant twee sleufjes waar je met je handen doorheen kunt? Veel makkelijker bij het verschonen! Een voormalig kamermeisje gaf me een tip: keer een dekbedhoes binnenstebuiten, steek je handen in de bovenste hoeken, pak het dekbed en de omgekeerde hoes tegelijk vast en keer de hoes om.

Kledingkast Als je ruim behuisd bent, kun je door een timmerman een inloopkast laten maken. Maar wie minder goed bij kas zit, kan bijvoorbeeld naar Ikea voor de PAX-garderobekast. Je krijgt veel kast voor je geld, plus eindeloze uitbreidingsmogelijkheden en veel accessoires voor schoenen, dassen, kostuums, et cetera. De PAX is ook geschikt voor kleine slaapkamers, want hij is verkrijgbaar in zowel 30 als 50 cm kastdiepte.

Kussens Ik zoek al een halve eeuw tevergeefs naar het perfecte hoofdkussen. Je hebt heel dure kussens, 'orthopedisch design', noemen ze dat. Die zijn me veel te hard, alsof je in een ziekenhuis ligt. Kussenspecialisten adviseren een kussen dat net dik genoeg is om het hoofd tijdens de slaap in dezelfde positie ten opzichte van de schouder en ruggengraat te houden als wanneer je rechtop staat. Ik ben er nog steeds niet uit en verslijt daarom elk jaar een setje Hema-kussens, de goedkoopste oplossing tot nu toe.

Lakens Hoeslakens willen weleens gaan kruipen, vooral bij onrustige slapers. Op bijvoorbeeld de beddengoedsite van het merk Morpheus kunnen je zogeheten bedbretels kopen. Twee stuks voor vijf euro en je laken loopt niet meer weg. Je hebt ook merken, bijvoorbeeld bij V&D of de Bijenkorf, waar de bretels standaard aan de lakens vastzitten. Als je een koukleum bent maar niet gelijk onder een elektrische deken wilt gaan liggen zweten, kun je voordat je naar bed gaat even met een warme strijkbout over het onderlaken gaan. Als je in de zomer altijd snel ligt te zweten, kijk dan eens in de diepvries. Misschien is er nog een vak vrij waar je het laken een paar uur voor het slapengaan in kunt stoppen.

Stof Het lijkt wel of er iemand onder je bed slaapt, zo snel als zich daar stofvlokken verzamelen. Gooi tijdens een schoonmaakbeurt je stofzuigslang eens een minuut of vijf onder je bed, laat hem maar lekker kronkelen. Tegenwoordig bestaan er antistatische vloerwissers, daar kom je ook mee onder het bed en het stof blijft net iets langer weg.

SANITAIR

Badmat Badmatten hebben aan de onderkant vaak een rubberen antisliplaag. Die laag blijft vaak aan de vloer plakken, zeker als je vloerverwarming hebt. Als je talkpoeder in huis hebt, kun je dat aan de onderkant van je badmat strooien; dat voorkomt rubberplak.

Douchegordijn Een douchegordijn krijg je schimmel- en kalkvrij door een wasbeurt met een vaatwasmachineblokje; dat ontkalkt en ontvet beter dan gewoon wasmiddel. (Zie ook Vlekken-ABC, p. 150.)

Handdoeken Leg net als je moeder een stukje zeep of een zakje met gedroogde lavendel tussen de handdoeken. Heerlijk, de frisse geur van vroeger.

Spiegels Wanneer je badkamerspiegels schoonmaakt met scheerzeep of shampoo beslaan ze niet.

Tegels Smeer je badkamertegels geregeld heel licht in met slaolie (goed uitwrijven), zo voorkom je kalkaanslag. Als je de badkamermuur lange tijd hebt verwaarloosd, verdwijnt kalkaanslag niet één-twee-drie met zo'n spuitpistool. Een ouderwets recept biedt uitkomst: meng wat citroensap of schoonmaakazijn met een schepje zout en drenk een spons in de oplossing. Aanbrengen, laten intrekken en na een half uurtje afspoelen met lauw water.
Heel vieze, beschimmelde voegen krijg je schoon met bakpoeder. Maak een papje, smeer de tegelvoegen ermee in, laat intrekken, afborstelen en afspoelen.

Toiletartikelen Een nagelvijl wordt weer schoon door er snel een stukje plakband vanaf te trekken. Bij een haarborstel weet ik het niet: zit-ie vol haar, dan gaat hij bij mij de pedaalemmer in. Maar je kunt er ook een kam doorheen halen en zo de levensduur verlengen.

Vieze hoekjes Bewaar een oude tandenborstel, daarmee kun je makkelijker in de kleine, vervuilde hoekjes komen, zoals achter de kraan.

Wasbak en kranen Voor de zeep- en tandpastaresten in je wasbak hoef je niet elke keer een schoonmaakmiddel te gebruiken. Met shampoo en heet water gaat het ook. Kunststof badkuipen of wasbakken worden op den duur geel en de kalk zet zich er graag op af. Leg velletjes keukenrol in de badkuip of wastafel en besprenkel die met huishoudazijn. Paar uurtjes laten liggen, weghalen en de gele plekken en kalk zijn verdwenen.

Wc Een supersnelle methode om je wc te reinigen: neem de bril en rand af met vochtig toiletpapier en laat de pot zichzelf lekker schoon bruisen met een kunstgebittablet. Ga daarna met de toiletborstel erdoorheen. De wc-pot ontsmetten kan ook met een scheutje mondwater.

RAMEN

De onhandige man herken je aan zijn vuile ruiten. Zou het kunnen dat de onhandige man ook een beetje lui is? Als hij ook nog eens alleen woont, moet hij ervoor zorgen dat het venster op de wereld glashelder blijft. Ramen lappen hoeft geen vreselijke toer te zijn, je kunt je er zelfs heel makkelijk vanaf maken door even snel met een prop krantenpapier over de ruiten te wrijven wanneer ze beslagen zijn. Dat is weer een tip van grootmoeder, maar ik heb mijn twijfels bij deze methode. Ruim tien jaar geleden bestond drukinkt nog grotendeels uit geraffineerde olie. Er zat dus een soort wasbenzine in je oude krant. Daar maakte je de ruiten wel mee schoon. Maar tegenwoordig wordt die inkt gemaakt op basis van sojaolie. Vriendelijker voor het milieu, maar niet voor je ramen.

Wil je toch de Snelle Jelle uithangen, pak dan de spuitflacon met glasreiniger. De ramen aan de binnenkant flink inspuiten en niet afnemen met een zeem, maar met een droge microvezeldoek. Zo doe ik ook de spiegels in mijn huis, het geeft echt een superresultaat.

Maar ramen hebben ook een buitenkant, en die is te smerig voor alleen maar een microvezeldoekje. Vogelpoep, roet, bladeren, regensporen, dat krijg je er met glasreiniger allemaal niet af. Er zal ouderwets gelapt moeten worden. Dat kan met een spons, een wisser en een emmer warm water waar een scheut spiritus of ammoniak in zit. Ammoniak in het water is eigenlijk al te zwaar geschut, het tast op de lange duur de verf op de kozijnen aan. Maar soms kom je er niet onderuit, bijvoorbeeld bij een keukenraam dat aan de binnenkant vettig is geworden. Spiritus is fijner spul, je ruiten drogen vanzelf sneller op, waardoor er minder strepen ontstaan. Eigenlijk maak je met spiritus en water zo'n beetje je eigen glasreiniger.

Maar wat denk je van een dop autoshampoo bij het water? Dat sopje komt als beste uit de bus voor glaswerk aan de buitenkant. De ruiten worden streeploos schoon. En de extra premie is dat je geen regensporen krijgt, vanwege het flinterdunne waslaagje dat autoshampoo achterlaat.

Ik gebruik nooit een zeem om de ramen mee af te nemen, maar altijd een wisser of gewoon een theedoek. Als je je ruiten wist en de binnen- en buitenkant in één beurt doet, trek dan met de wisser aan de binnenkant horizontaal over het glas en aan de buitenkant verticaal. Op die manier

kun je de watersporen goed onder-
scheiden die de wisser achterlaat.
Lap nooit de ramen als de zon erop
schijnt. Dan drogen ze te snel en
krijg je strepen.
En ga niet de waaghals uithangen.
Als je slecht bij de buitenkant van
je ramen kunt komen, kun je beter eens in de maand een
glazenwasser inhuren.

KLEDING

Overhemd Smeer vuile kragen en boorden in met shampoo, voordat je ze in de wasmachine gooit.

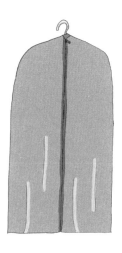

Pak Een pak hoort in een kledinghoes
in de kast te hangen. Is het al te laat
en heb je een stoffig pak? Leg het pak
tien minuutjes op een lage stand in de
droger.
Pluizen? Maak van je wijsvinger
een pluizendief: omwikkel hem met
plakband, de klevende kant aan de
buitenzijde. Of schaf daarna bij H&M
of Ikea de eerder genoemde kleding-
roller aan, die van hetzelfde principe
uitgaat.

Ribfluweel Ribfluwelen kleren houd je langer mooi als je ze binnenstebuiten wast.

Spijkerbroeken Spijkerbroeken behouden langer hun kleur als je ze binnenstebuiten wast.

Wollen truien Wat goed is voor je hoofdhaar is ook goed voor je wollen trui. Die trui wordt in de was lekker zacht als je crèmespoeling bij het laatste spoelwater doet.
Pillen van wollen truien valt niet tegen te gaan. Je kunt pillen op twee manieren verwijderen: door ze eraf te trekken met plakband of door er de pluizentondeuse op los te laten. Met dat laatste apparaat scheer je je trui, dus wees voorzichtig met heel dunne wollen truien, anders trekken de scheermesjes in het apparaat de wol kapot.
Gekrompen wol of wol die is vervilt betekent meestal einde verhaal, maar probeer je trui voor de zekerheid nog een nachtje te weken in kalkvrij water.
Wollen truien kunnen erg kriebelen op de huid. Doe ze na het wassen een nachtje in de diepvriezer. Een scheutje azijn bij het laatste spoelwater in de wasmachine werkt ook als anti-kriebel.

Zijde Je zijden stropdas blijft mooi als je hem op de hand wast met shampoo. Dat geldt natuurlijk ook voor een zijden overhemd.

Zitvlakken Het betreft niet de beste kwaliteit stof als je gladde zitvlakken in je broek krijgt. Daar moet een stoomstrijkijzer aan te pas komen, op de wolstand. Gooi een beetje azijn in het waterreservoir. (Zie ook Strijken, p. 105)

Kledingkast Komt de mouw van je pak altijd tussen de deur als jij die dicht wilt doen? Stop de mouwen in de colbertzakken. Maar blijkbaar puilt je kleerkast zo langzamerhand ook uit, dus zie het als een mooie aanleiding om alles wat je twee jaar niet hebt gedragen weg te gooien, naar het Leger des Heils te brengen of in de kledingbakken op straat te gooien.

Knopen Een knoop aannaaien? Helaas, je zult wel moeten, want fabrieksknopen zitten vaak slecht vast. Wil je dat ze er niet te gauw vanaf vallen, doe dan voorzichtig een beetje nagellak op de draad van de knoopjes, zo maak je het garen sterker.
In de betere hotels ligt er op je kamer een setje met naald en draad. Neem dat mee voor thuis. Handig, want vaak zit de draad al in de naald. Mocht je een witte knoop op een wit overhemd willen naaien en onverhoopt geen garen in huis hebben, dan biedt floszijde uitkomst. Het is ook nog eens veel sterker dan garen.

Bril

In de scharnieren van een bril zitten van die minuscule schroefjes die gauw los gaan zitten. Verzegel ze met nagellak. Maak brillenglazen schoon met een microvezeldoekje.

Lang geleden heb ik van mijn moeder geleerd hoe je een knoop aannaait.

Knoop aannaaien

❯ Stap 1

Knip een stuk garen af van een halve meter lang en lik aan het ene uiteinde van het draad, zodat het makkelijker door het oogje van de naald gaat. Maak een knoopje in het andere uiteinde, zodat de draad straks beter vast blijft zitten achter de stof.

❯ Stap 2

Begin aan de binnenzijde van de kleding, anders zie je straks zo'n sliertje uit je knoop hangen. Ga een keer of vier heen en weer van gaatje tot gaatje en eindig weer aan de

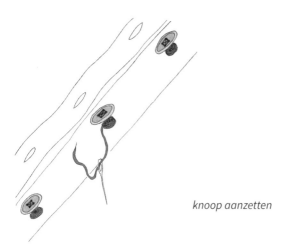

knoop aanzetten

binnenzijde nadat je het garen eerst nog een paar maal om de knoop hebt gedraaid.

❯ Stap 3

Wanneer je een knoop aannaait op dikkere stoffen of op leer, moet de knoop beweeglijker zijn om door het knoopsgat te kunnen. Leg een luciferstokje of tandenstoker onder de knoop terwijl je die aannaait. Als de knoop vastgenaaid is, trek je het stokje eruit, haal je de naald nog één keer alleen door de knoop (dus niet door de stof) en wikkel je het garen nog enkele keren om 'het steeltje' onder de knoop door.

Leren handschoenen Handschoenen zijn van dunner leer dan schoenen. Je houdt ze soepel en glanzend door ze in te wrijven met de binnenkant van een bananenschil; sinaasappelschillen werken ook.

Merkjes Word je ook gek van die schurende merkjes in je kleding? Als je ze afknipt, wordt het krassen alleen maar erger. Ik knip daarom maar een stukje af, zodat ze gaan rafelen, lekker zacht. Wel het wasvoorschrift lezen voordat je gaat knippen.

Ritsen Een stroef lopende rits kun je inwrijven met WD-40 of siliconenspray. Met een kaarsstompje over de rits wrijven helpt ook. Was kleding in de machine altijd met de rits dicht. Dat is beter voor de rits en zo beschadigt het overige wasgoed niet.

Wijzen ze de hele tijd naar je gulp omdat je rits vanzelf opengaat, maak dan een lusje aan de trekker. Sla dat lusje om de knoop als je je broek dichtdoet.

Als de rits van je broek steeds splijt, is het óf tijd om af te vallen óf zijn de tandjes lam. In dat laatste geval: op naar de Turkse kleermaker, die er voor een tientje een nieuwe rits in zet.

Strijken Strijken, heb ik al eerder bekend, vind ik een van de vervelendste huishoudelijke klussen. Oké, je kunt er andere dingen naast doen, zoals tv-kijken, muziek luisteren, handsfree bellen of een recept bedenken. Zelf strijk ik zo snel en economisch mogelijk, met de slag van Fransen zeg maar.

Ik spaar mijn strijkgoed op of — zo kun je het ook zeggen — strijk vooruit. Eens in de drie weken maak ik een uur vrij voor die strijkberg. Het perspectief is erg gunstig: er hangen daarna tien overhemden en drie broeken keurig gestreken in de kledingkast.

Goed, dan het eigenlijke werk. Staat de strijkplank klaar? Zit er water in het strijkijzer voor stomen en sproeien?

STAPPENPLAN **Broek strijken** ——————————

❯ **Stap 1**

Zet de bout op de temperatuur die past bij de stof die je gaat strijken. Op bijna alle moderne strijkbouten staat dat aangegeven of kun je het in de gebruiksaanwijzing lezen.

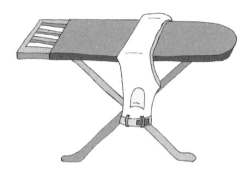

● Stap 2

Pak de broek onderaan bij de pijpen vast, alsof je iemand op z'n kop houdt. Leg de uiteinden van de broekspijpen zodanig dwars op de strijkplank dat alle verticale naden aan het eind van de pijpen precies bij elkaar komen.

● Stap 3

Pers met stoom een vouw in het onderste deel van de broek. Blijf het strijkijzer flink aandrukken, want je strijkt immers twee broekspijpen tegelijk. Schuif nu telkens het stuk dat je gedaan hebt op en strijk verder totdat de pijpen helemaal als de benen van een slappe pop over de strijkplank bungelen.

● Stap 4

Nu nog het bovenste gedeelte van de broek. Zorg dat de binnenzakken plat in de broek liggen, vouw vervolgens de gulp naar binnen en strijk. Opnieuw flink persen, tot de bovenrand! Tot slot strijk je de boord van de broek.

Je kunt van alles af zijn als je zelfstrijkende overhemden draagt (op het label staat 'no-iron'), maar die overhemden zitten niet zo lekker, ze zijn van synthetisch weefsel en ademen niet. Dus dat wordt toch strijken. Iedereen vertelt iets anders over overhemden strijken, de ene doet eerst de boord, de ander begint juist met de schouderstukken. Hoe dan ook, ik zal je leren hoe je binnen vijf minuten een overhemd strijkt.

❯ Stap 1

Eerst de mouwen. Strijk de mouwen tot aan de manchetten. Manchetten doe je apart, maar pas op dat er niet zo'n lelijke vouw in komt.

❯ Stap 2

Leg het overhemd met het linkervoorpand (de knoopsgatenkant) zodanig op de strijkplank, dat het schouderstuk

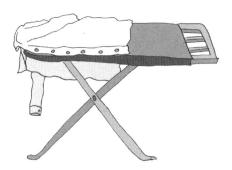

mooi over de punt van de strijkplank valt. Strijk tot in de kraag en schuif het overhemd vervolgens over de plank heen, totdat de eerste helft van het rugstuk helemaal op de strijkplank ligt. Je overhemd hangt nu over de strijkplank zoals je zelf op een surfplank zou kunnen dobberen. Daarna opnieuw doorschuiven totdat het rechtervoorpand (de knopenkant) op de strijkplank ligt.

❯ Stap 3
Ga netjes met de punt van de strijkbout rond de knoopjes (niet eroverheen, dat is slecht voor de knoopjes en de strijkbout).

❯ Stap 4
Tot slot de boord. Die ligt als het ware al klaar op de punt van je strijkplank. De boord van een donker overhemd gaat glanzen als je hem aan de buitenkant strijkt. Dus vouw hem open en strijk de vouw er van binnenuit in. Zo klaar. Hang je gestreken overhemd wel keurig aan een knaapje, anders kun je dit klusje weer helemaal overdoen.

Wassen Wassen blijft een kunst, ook met een wasmachine. Zorg ten eerste dat je twee soorten wasmiddel in huis hebt, voor gewone was vanaf 30° C en voor koude en fijne was. Gebruik bij voorkeur vloeibaar wasmiddel, dat lost beter op dan poeder. Er bestaan ook afzonderlijke wasmiddelen voor bonte en witte was. Ik betwijfel of dat noodzakelijk is. Zelf gebruik ik voor bont en wit vloeibaar wasmiddel dat alle kleuren aankan.

Wassen   De cijfers in de symbolen geven de maximale wastemperatuur aan. De streep onder de symbolen geeft aan dat bepaalde textielstoffen een mildere behandeling nodig hebben, in combinatie met de aangegeven temperatuur.

Bleken   Chloor- en zuurstof-bleekmiddelen mogelijk   Uitsluitend zuurstofbleek-middelen mogelijk, geen chloorbleekmiddelen   Niet bleken

Strijken   Heet strijken (200° C) katoen, linnen   Warm strijken (150° C) gemengd polyester, wol   Lauw strijken (110° C) acryl, nylon, acetaat   Niet strijken

De stipjes op het strijkijzersymbool geven de aanbevolen strijk-temperatuur aan. Hoe meer stipjes, hoe hoger de temperatuur.

Drogen   Geschikt voor trommeldrogen   Matige temperatuur   Hoge temperatuur   Niet drogen in droogtrommel

Nat laten drogen   Hangend drogen   Liggend drogen

Wees matig met wasmiddelen en centrifugeren, voorkom dat was krimpt of verkleurt. Heb je per ongeluk te veel wasmiddel gebruikt — of het verkeerde — en staat je machine te schuimen, doe dan een schepje zout in het zeepbakje; dat ontschuimt.

Wasverzachter is een raar goedje, je kleren of handdoeken worden er niet écht zachter van, maar er komt een donzig vliesje op je wasgoed, waardoor het wel zacht aanvoelt.

Moderne machines hebben vaste programma's voor wol, donker wasgoed en overhemden. Mijn wasmachine heeft zelfs een programma voor jeans. Toch is dat misleidend en kan er veel fout gaan. Zo blijft, als je niet uitkijkt, de machine bij het wolprogramma toch nog hard centrifugeren, en dat kost je die mooie lamswollen trui. Gelukkig kun je tegenwoordig ook het toerental van de centrifuge separaat instellen. Centrifugeer bij wol trouwens liever niet, of heel kort op een laag toerental (400).

Wassen kan tot 90° C, maar dat is nergens voor nodig, echt energieverspilling. 40° C is voor de meeste was heet genoeg, tenzij je motten, vlooien, luizen of mijten hebt. Die moeten koken, net als bloedvlekken.

Scheid wel altijd de witte van bonte was. Kleuren lopen door, zeker als het om een eerste wasbeurt gaat. En kijk altijd eerst even op het labeltje voor het wasvoorschrift. Hoewel, als je die wasvoorschriften zou geloven, dan moet je per week wel zo'n zes verschillende wasjes doen. Op vrijwel elk labeltje staat: *wash separately*. Zelf neem ik het niet zo nauw en gaat het meestal goed als ik de witte en lichte was bij elkaar gooi, net als de bonte en donkere was.

Beddengoed was je apart — dat is meteen een volle trommel, net als handdoeken.

Zakken Kapotte zakken kun je in geval van haastige spoed dichtmaken met je nietmachine of dichtplakken met duct-tape.

Zomen Het is weekend, de kleermaker is dicht, maar de zoom van je broek zit los. En die hoort bij het jasje dat je wilt dragen. Plak de zoom aan de binnenkant tijdelijk vast met duct-tape. Deze truc werkt ook met de zoom van een mouw.

SCHOEISEL

Canvas sneakers Stinken je tennisschoenen? Strooi er eens een handje soda, zout of potpourri in, dat absorbeert zweet. Witte tennisschoenen rood van het gravel? Je krijgt ze schoon met een oplossing van één deel ammoniak en één deel water.

Krappe schoenen Te krappe leren schoenen kun je vanbinnen inspuiten met Glassex, daar worden ze soepel van. Of stop er een nachtje een paar in spiritus gedrenkte proppen krantenpapier in.

Leren schoenen Leren schoenen gaan weer glanzen door een halve rauwe aardappel of geklopt eiwit erop uit te wrijven.

Leren zolen Leren zolen ademen beter dan rubberen zolen en ze lopen ook lekkerder. Maar de eerste dagen glijd je erop uit. Wrijf de zool aan de buitenkant in met een halve rauwe aardappel, zo worden ze minder glad. Leren zolen slijten minder hard indien je ze insmeert met glycerine, verkrijgbaar bij de drogist.

Natte schoenen Natte schoenen worden sneller droog als je er krantenpapier in stopt. Zet ze niet te dicht bij de verwarming, want dan krijg je kringen of droogt het leer uit.

Nieuwe schoenen Leren schoenen maak je waterdicht met WD-40. Koop voor suède en canvas schoenen een speciaal in de handel verkrijgbare spuitbus.

Schoensmeer Is je schoensmeer uitgedroogd en verbrokkeld? Doe er een beetje vaseline bij, of een scheutje melk. Is schoensmeer erg hard geworden? Dan moeten er een paar druppels wasbenzine of terpentine bij. Overigens, voor nog geen euro per stuk krijg je bij discountwinkels als Action potjes schoensmeer met een sponsje in het deksel. Blijft nog lang uitsmeerbaar ook. Crèmespoeling is ook een goede leerconditioner.

Schoenveters De uiteinden van schoenveters rafelen minder snel als je ze even in de transparante nagellak doopt.

Versleten schoenpunten kun je bij bruin schoeisel oppimpen met jodium. Bij zwart leer gebruik ikzelf een dikke zwarte viltstift.

7 BUITENSHUIS

WERKRUIMTE

Computerscherm Gebruik voor een beeldscherm nooit venijnige schoonmaakmiddelen. Water met een beetje wasverzachter mag, dat werkt goed tegen stof. Ik gebruik weleens glasreiniger, maar dat spuit ik nooit rechtstreeks op het scherm, altijd eerst op een zachte doek.

Muis Als de muis hapert, is meestal het lensje aan de onderkant vuil. Dat kun je makkelijk reinigen met keukenpapier en glasreiniger.

Toetsenbord Maak je toetsenbord voorzichtig schoon met een vochtige doek, bij te veel nattigheid verschijnen ineens de vreemdste tekens op je scherm. Houd het toetsenbord op z'n kop terwijl je het reinigt, dan loopt het vocht niet tussen de toetsen naar binnen. Misschien eerst even zachtjes schudden of tikken, dan vallen de broodkruimels en tabak er vanzelf uit. Hardnekkige viezigheid tussen of op de toetsen krijg je weg met een wattenstaafje gedoopt in een sopje.

Een rammelend toetsenbord leidt enorm af. Leg een reep schuimrubber onder het bord, dat vind je vaak bij het verpakkingsmateriaal.

Vulpen Je bent een man met stijl, maar je vulpen heeft wel last van verstoppende, dikke inkt. Leng inkt voor je dure vulpen nooit aan met water. Gebruik een paar drupjes azijn of ammoniak.

Whiteboard Als de Hema het in het assortiment heeft, is het weer helemaal terug: het whiteboard, een ideaal geheugensteuntje voor de onhandige man. Maar je kunt zo'n bord meteen verpesten door er met een permanente stift op te schrijven. Geen paniek. Schrijf eroverheen met een meegeleverde whiteboardstift, en neem daarna af. Even goed inspuiten met het wondermiddel WD-40 kan ook, dan veeg je het zo weg.

AUTO

Wil je jezelf dwingen om handig te worden, dan zou je eigenlijk een oldtimer moeten aanschaffen. Aan een oude bak valt altijd iets te klussen. Ik heb veel oude auto's gehad en dat was erg leerzaam, maar jij hebt misschien liever een wagen die meteen start. Daarom een paar eenvoudige tips voor de moderne auto.

Neem ten eerste het instructieboekje eens goed door — te

veel mensen laten dit ongelezen in hun dashboardkastje liggen. Ten tweede: een moderne auto zit zo volgestouwd met high-tech dat je er zelf niet veel meer aan kunt sleutelen. Word daarom voor een paar tientjes lid van de ANWB, de beste en goedkoopste garage van Nederland. Dan hoef je bij panne niet eens meer zelf een band te verwisselen.

Aanrijding Maak na een aanrijding met blikschade meteen een aantal foto's met je mobiele telefoon. Dat is handig als bewijsvoering voor de verzekering.

Accu Aan een accu is de afgelopen eeuw auto weinig veranderd, dus kun je die zelf nog opladen. Vaak is een accu nadat je een nachtje de lichten aan hebt laten staan helemaal op. Of helemaal? Wil je hem het laatste zetje tot de garage geven, gooi dan een aspirine bij het accuwater. Mocht hij echt leeg zijn, dan kun je je auto weer aan de praat krijgen met startkabels.

STAPPENPLAN *Lege accu* ─────────────────

> **Stap 1**

Vraag of een auto met een volle accu neus aan neus met jouw auto gaat staan. Zet eerst een van de twee rode kabelklemmen op de pluspool van jouw lege accu. De andere rode klem plaats je op de plus van de volle accu.

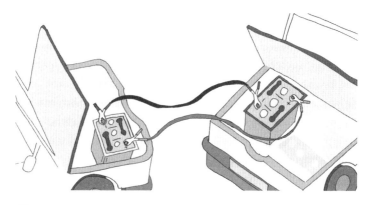

❯ Stap 2

Zet een van de zwarte kabelklemmen op het minpunt van de volle accu en plaats dan als láátste de andere zwarte klem op het minpunt van de lege accu.

❯ Stap 3

Start de auto met de volle accu. Laat de motor lopen en probeer — geef flink gas — de auto met de lege accu te starten. Die wordt nu dus gevoed door de reeds lopende auto. Na een tijdje zal dit lukken.

❯ Stap 4

Ontkoppel de kabels in de omgekeerde volgorde, laat nu de motor van jouw auto lopen.

❯ Stap 5

Ontspan, want je moet op zijn minst wel een kwartier rondrijden totdat de accu weer helemaal is opgeladen.

Autogordels Als je gordels te strak trekken of striemen achterlaten op je schouders, bevestig je een wasknijper op de plek waar de gordel het interieur in schiet.

Autowassen Voor een snelle wasbeurt ga je naar de wasstraat. Maar die borstels halen de vogelpoep er niet fatsoenlijk van af. Vóór de wasbeurt dus eerst even afnemen met een spons en lauw water.

Tegen kringen en matte plekken van oude vogelpoep valt weinig te doen. Die worden in feite niet veroorzaakt door de venijnige vogelpoep, maar door de temperatuurschommelingen. Op een hete dag zet de lak uit en kan het vuil zich, na afkoelen, in de lak vastzetten.

Als je je auto graag handmatig poetst, kun je hem verwennen door een paar dopjes shampoo in een emmer warm water te doen. Gebruik nooit een hogedrukspuit, tenzij je autolak wilt met een zandstraaleffect. Rubberafdichtingen, ruitenwissers en spiegels spuit je met een hogedrukspuit ook zo van je auto af. Ook als je schone velgen wilt, kun je de hogedrukspuit beter achterwege laten. Koop bij een autospeciaalzaak liever velgenreiniger; daarmee borstel je roet en smeer zo weg.

Bandenprofiel Als je vóór de verplichte autokeuring twijfelt over de staat van je banden, kun je een euromunt in het middelste profiel steken. Het muntje moet zeker zo diep het profiel in gaan als het messing randje rond de euro.

Geluidjes Soms kun je irritant gerammel onder de motorkap provisorisch oplossen. Zorg dat je altijd een bosje tiewraps in de auto hebt liggen, liefst van die grote en hittebestendige (kijk op de verpakking). Duct-tape komt goed van pas om een lekkende rubberen slang af te dichten.

Insecten De grille, de koplampen en voorkant van de motorkap zitten in de zomer onder de uit elkaar gespatte insectenlijkjes. Even inspuiten met WD-40 en je veegt ze er zo van af. Met spa rood haal je insecten makkelijk van je voorruit. Gebruik een oude nylon panty als poetsdoek.

Kleine beurt Een eigenhandige snelle check eens in de drie maanden kan nooit kwaad, zeker niet bij iets oudere auto's. Zo'n beurt is helemaal niet zo moeilijk. Als je toch de vloeistof voor de ruitenwisser moet bijvullen, kun je net zo goed even in het tankje van de radiator kijken of er nog genoeg koelvloeistof in zit. Of het oliepeil controleren. Vaak hebben auto's een extra oliepeilstok voor de versnellingsbakolie. Je krijgt er vieze vingers van, dus het is handig om een paar plastic handschoenen en een zaklampje in het dashboardkastje te hebben liggen. Die handschoenen neem ik altijd mee van een tankstation — daar kun je ze gratis afscheuren. Het licht van je mobiele telefoon kan ook als zaklamp dienen.

Lakwerk Een pinknageltje lak eraf, dat gaat natuurlijk roesten, maar niet als je dat plekje bestrijkt met blanke nagellak.

Radiator Een lekje in het koelsysteem kan gedicht worden door een handje gemalen zwartepeperkorrels in de radiator te gooien. Sigarettentabak stopt de lekkage ook. Tijdelijk, want na één lekje volgen er meestal meer.

Reservelampjes Zorg ervoor dat je altijd een compleet setje lampjes bij je hebt, plus zekeringen, want die kunnen ook stukgaan. Alleen jammer dat autoschijnwerpers tegenwoordig zo gemaakt worden dat je een technische opleiding nodig hebt om een kapot lampje te kunnen vervangen. Dat wordt wachten op de ANWB of een medewerker van een tankstation aardig aankijken.

Rubber Strips en rubberen afdichtingen bij je portieren en ruiten blijven langer intact als je ze regelmatig bestrooit met talkpoeder.

Ruiten Minuscule krasjes op je voorruit kunnen slecht zicht tot gevolg hebben, vooral als de zon laag hangt. Autoruiten worden weer als nieuw indien je ze inwrijft met een halve ui. Daarna afspoelen met water.

Trekhaak Ben je voor de zoveelste keer de dop van je trekhaak kwijt, probeer dan eens de dop van een slagroomspuitbus. Of heel ouderwets: een opengesneden tennisbal, die waait er ook niet zo snel van af.

Zuinig rijden Deze heb ik van mijn vader, hij was nogal op de penning: je kunt jezelf dwingen zuinig te rijden door een spons onder het gaspedaal te leggen. Scheelt ook bekeuringen voor te hard rijden.

VAKANTIE

Ik raadde het al eerder aan: een beetje klusser houdt er
een matenboekje op na. Mochten er nieuwe gordijnen
nodig zijn dan kun je altijd de maten er weer op naslaan.
In zo'n boekje kun je ook noteren wat je op een lange of
korte vakantie altijd standaard meeneemt in je koffer. Dus
hoeveel stuks ondergoed, hoeveel paar sokken, broeken,
overhemden, T-shirts etc. En voor een skivakantie heb
je weer heel andere zaken nodig dan voor een weekje
tropisch eiland. Het zijn zaken die je elk jaar weer vergeten bent. Maar voortaan niet meer, want ze staan in je
matenboekje.

Insecten Is dit nou vakantie of een plaag? Die rotmuggen!
Bier drinken kan helpen om insecten van je af te houden,
want ze hebben het niet zo op vitamine B. Bovendien
worden muggen onrustig van alcohol. Knoflook kunnen
ze ook slecht hebben. In mijn koffer zit standaard zo'n
antimuggenstekker die ze in landen als Frankrijk en Italië
verkopen (Vape of Raid), met van die gemene blauwe
blokjes.
Bij een wespen- of bijensteek moet de angel er eerst uit.
Dat gaat makkelijker door een beetje WD-40 op de huid te
spuiten. Verga je van de jeuk na een wespensteek, dep hem
dan met azijn of een papje van sigarettenas en water. Een
paar druppels ammoniak, een beetje tandpasta of het sap
van een halve ui werkt ook verzachtend.

Koffer Mijn koffer pak ik in met een stofzuiger. Gooi alle kledingstukken die mogen kreuken (zoals ondergoed en sokken) in een stevige pedaalemmerzak, zet de mond van de stofzuigerslang erop, en knoop de zak goed dicht. Moet jij eens zien hoeveel ruimte je overhoudt. O ja, de terugreis... in vakantiehuisjes staat meestal een stofzuiger in de kast en in een hotel wil het kamermeisje je voor een kleine fooi ook graag behulpzaam zijn. Wel netjes vragen, denk aan Dominique Strauss-Kahn.

Misschien ben jij er zo een die vreest dat hij wordt bestolen. Deze tip kreeg ik van een neurotische reiziger: fotografeer voordat je vertrekt de inhoud van je koffer, zodat je bewijsmateriaal hebt voor de verzekering en de politie. Omdat koffers weinig worden gebruikt, gaan ze muf ruiken. In nieuwe koffers zit een zakje korrels dat het vocht moet absorberen. Laat dat zakje erin zitten of leg na de vakantie een zakje kattenbakkorrels in je lege koffer.

Persoonlijke gegevens Paspoortnummer, serienummers van je horloge, audiovisuele apparatuur, iPad of laptop, belangrijke telefoonnummers, gegevens van het reisbureau of een verhuurmaatschappij, van je telefoonprovider of bank, voor mijn part de naam van je vrouw en kinderen: zet al je persoonlijke gegevens op een usb-stick, die je op een geheime plek bewaart. Je weet 't maar nooit, zo'n ding neemt weinig ruimte in beslag, je kunt hem goed verbergen en om later je gegevens op te hoesten kun je hem in elke willekeurige computer inpluggen. Misschien is het verstandig om de stick wel even van een wachtwoord te voorzien.

Ski- of snorkelbril Smeer de bril lichtjes in met scheerschuim, dan beslaat het glas niet meer.

Toilettas Je toilettas raakt gauw vol en het wordt snel een
kliederboel in dat tasje. Tegen de tijd dat het vakantiesei-
zoen aanbreekt, zijn er bij vrijwel alle drogisterijen mini-
verpakkingen van shampoo, tandpasta of haargel te koop.
Of bewaar als je in een hotel bent geweest de badschuim-
flaconnetjes en doe daar later je eigen shampoo of gel in.
Mijn toilettas blijft droog, omdat ik alle vloeibare spullen in
zo'n ziplockzakje stop.

Zakmes Ik heb nooit bij de padvinderij gezeten, maar een
multifunctioneel zakmes is onmisbaar op vakantie. Het
liefst van Zwitserse makelij, met een schaartje, zaagje, kurkentrekker, flesopener, schroevendraaier, pincet, tandenstoker en ledlampje als extra opties. Wist je dat Wenger en
Victorinox heel kleine zakmesjes maken in sleutelhanger-
formaat met veel van bovengenoemde mogelijkheden? Aan
mijn sleutelbos zit al jaren zo'n ding en daar heb ik vaak
profijt van gehad. Tot diep in
de nacht, wanneer ik het sleu-
telgat niet kan vinden.

8 MAN EN MACHINE

Tot midden jaren zeventig kreeg een huisvrouw weleens een voet van een vertegenwoordiger tussen de deur die haar een stofzuiger wilde aansmeren met veel meer mogelijkheden dan alleen tapijten kloppen. Maar de handelsreiziger is allang uitgestorven en zijn job is overgenomen door schreeuwerige telemarketeers. Toch blijken veel apparaten die je in huis hebt over onvermoede talenten te beschikken. Daar had die handelsreiziger best gelijk in: een stofzuiger kan meer, een föhn en strijkijzer ook.

Stofzuiger Een stofzuiger kun je ook gebruiken als zoekmachine of liever gezegd 'vindmachine'. Stel je bent een heel klein schroefje kwijt, van je bril bijvoorbeeld: bind dan met een elastiekje een nylon sportkousje of een dunne sok om de zuigmond. Zuig nu voorzichtig in de rondte op de plek waar je het schroefje verloren bent. Kijk, wat zit daar tegen het kousje aan? De speld in de hooiberg.
Een stofzuiger is ook een regelrecht moordwapen in de strijd tegen vliegen en ander gevleugeld ongedierte. Zet de

stofzuiger op de hoogste stand, steek die slang in de lucht... Vlieg, ik heb je.

Ik noemde het al eerder: een stofzuiger kan je helpen om ruimte te besparen. Neem een stevige luchtdichte plastic zak, gooi daar bijvoorbeeld een donsgevulde winterjas in die je voorlopig niet meer nodig hebt. Zuig de zak vervolgens vacuüm en knoop hem goed dicht. Voor zo'n pakketje vind je nu vast wel een plek.

Bovendien vind ik een stofzuiger een perfecte ontstresser. Gewoon gaan zuigen als je ergens tegenaan hikt. Je bent in beweging, je maakt even lekker veel lawaai, en de boel wordt ook nog eens schoon. Wat wil je nog meer? De reinigende werking van een stofzuiger is grenzeloos.

Föhn Een bevroren waterleiding kun jij als (on)handige man makkelijk ontdooien met een föhn. Ook het ontdooiproces van het vriesgedeelte van je ijskast kun je bespoedigen met dit instrument. Stickers verwijder je makkelijker als je even eroverheen blaast met een hete föhn. Laarzen die vanbinnen nat geworden zijn, föhn je makkelijk droog en een gekreukt T-shirt of een verfomfaaide polo hoef je echt niet te strijken. Trek aan, maak het shirt een heel klein beetje nat met een plantenspuit, föhnen en je moet eens zien hoe mooi dat shirt om je body zit. Met een overhemd zou je — als je geen tijd hebt om te strijken — hetzelfde kunnen doen.

Dit trucje heb ik afgekeken in een brillenwinkel. Mijn bril zat na een tijdje weer eens los op mijn neus. Bij een opticien maken ze het kunststof montuur eerst warm en dan buigen ze de pootjes of de brug van je bril op de gewenste maat. Dat kan ik zelf ook, dacht ik. En ja hoor. Zet de föhn op de heetste stand en houd hem een minuut heel dicht bij de bril, zodat het kunststof een beetje zacht wordt. Vervolgens heel voorzichtig bijbuigen daar waar het nodig is. Klaar? Nee! Intussen moet de koudwaterkraan lopen, om de bril snel te kunnen afspoelen zodat het montuur afkoelt en het kunststof weer hard wordt. 'Zet u de bril nu maar weer eens op, meneer. Perfect toch?'

Strijkijzer Ik haal voorafgaand aan een etentje bij mij thuis mijn strijkijzer altijd even tevoorschijn, om de vouwen uit het tafelkleed te strijken.
Met een strijkbout kun je ook plakken. Houten randen afwerken met plakfineer gaat het beste als je de strijkbout erop zet. Ook kun je met een strijkijzer een deuk in ongeverfd hout verwijderen. Maak de gedeukte plek eerst goed

Kapotte wasmachine

Als een wasmachine stukgaat, moet je hem niet zelf gaan repareren. Beter is het om bij de aankoop je fabrieksgarantie met vijf jaar te verlengen; dat kost weliswaar flink extra, maar voor die honderd euro bespaar je jezelf veel gedoe met malafide reparateurs. Er bestaan machines die zo'n garantie niet nodig hebben, omdat ze heel lang meegaan. Ik zeg het uit ervaring: Miele, er is geen betere. Overigens ligt een mankement vaak niet aan de machine, maar aan de afvoer of watertoevoer. (Zie ook Nat & Watt, p. 51.)

nat, zet daarna de strijkbout op het kuiltje en je zult zien: de deuk komt omhoog.

Als je per se zelf je broek wilt innemen — ik zelf prefereer de Turkse kleermaker — dan is er dubbelzijdig vilten kleefband te koop waarmee je een mooie zoom in je broekspijpen kunt strijken.

Strijkbouten worden op een gegeven moment vuil of krijgen donkere en stroeve plekken. Je krijgt hem weer schoon als je poetst met een vochtige doek en een lik tandpasta. In huishoudelijke winkels is er ook een speciale stift te koop waarmee je de hete bout kunt inwrijven. Daarna afnemen.

DEEL III
VLEKKEN, PLEKKEN EN LUCHTJES

9 VLEKKENWETTEN

Oxaalzuur, amarilpoeder, citroenzuurkristallen, aluin, zuringzout, zeeploog, raapolie, waterstofperoxide, borax, tetra; als ik die oude boekjes mag geloven met 1001 tips uit grootmoeders tijd, dan hadden de mensen vroeger een hele apotheek in huis. Maar de meeste middeltjes die vroeger werden aangeraden om vlekken te verwijderen, zijn tegenwoordig nauwelijks nog verkrijgbaar. De zouten, zuren en logen die bij onze grootouders in het aanrechtkastje of in de gifkast stonden, zitten nu verwerkt in de pistoolflacons van Mr. Muscle of zijn toegevoegd aan de peperdure brouwseltjes van de Vlekkentovenaar.

Maar dure middelen zijn vaak onnodig. Met een paar basismiddelen kom je al een heel eind: bleekwater, spiritus, terpentine, wasbenzine, ammoniak en schoonmaakazijn zijn nog volop in de handel. Voor heel vieze vlekken of aanslag is het maar beter daar een fles of flacon van in huis te hebben. En het zal je verrassen welk schoonmaakgerei je keuken, badkamer, ijskast of proviandkast herbergt. Zo blijkt tandpasta een onverwachte vlekkenkampioen. (Zie ook Vlekken-ABC, p. 148.)

In het gevecht tegen de vlekken gelden bepaalde vuist-regels. Het zijn ongeschreven wetten die van generatie op generatie zijn doorgegeven, dus ik zou ze maar ter harte nemen.

Vlekkenwetten

Wet 1
Hoe ouder de vlek hoe taaier zijn bestaan, dus grijp meteen in.

Wet 2
Nooit gaan wrijven, daarmee breidt de vlek zich alleen maar uit. Trek het weefsel van de stof iets uit elkaar, zodat de vlek makkelijker loslaat.

Wet 3
Gebruik voor het wrijven over een vlek altijd een kleurloze doek, anders krijg je er nog een vlek bij.

Wet 4
Warm water of een lauw sopje is vaak al afdoende. Grijp niet meteen naar grof geschut zoals ammoniak of aceton, straks krijg je nog een gat in plaats van een vlek. De rangorde van middelen is van mild naar agressief is:

Categorie I

Mild: water, oplopend in temperatuur / een sopje van zeep of afwasmiddel oplopend in temperaturen

Categorie II

Sterker: azijn / citroensap

Categorie III

Sterkst: ammoniak / pure alcohol / aceton / tri / spiritus / wasbenzine of terpentine

Afhankelijk van het vlekkenprobleem is het natuurlijk heel goed mogelijk dat je meteen terpentine moet inzetten. Dat zien we straks wel in het uitgebreide Vlekken-ABC.

Wet 5

Je komt vaak al een heel eind met doodgewone handzeep. Denk aan de dosering: een dopje, een scheutje van het een of ander is vaak al voldoende. Gebruik altijd natuurlijke zeep, geen zeep met chemische rotzooi zoals fosfaten; daarmee verpest je de kleuren.

Wet 6

Voorkom knoeien en het mengen van chemische middelen, zoals bleekmiddel en ammoniak. Dan ben je meteen weer terug op school, in een uit de hand gelopen scheikundeles.

10 VLEKKENKAMPIOENEN

Misschien heb je een van de volgende vlekkenkampioenen al in huis. In de wereld van de vlek zijn dit in ieder geval dé zes middelen die zichzelf in de strijd tegen vlekken meer dan bewezen hebben.

HET WONDER WD-40

Over wat WD-40 allemaal kan, raak ik niet uitgesproken. WD-40 doet zijn werk uitstekend tegen bloed, inkt, lipstick, lijm, olie, pekel, potlood, thee, tomaat, teer, smeer en zelfs hondenpoep. (Zie ook het Vlekken-ABC, p. 143.) WD-40-pioniers ontdekten dat je de spuitbus ook kunt gebruiken om laarzen waterafstotend te maken. Een korte spuitbeurt helpt je schoenen ook van dat irritante gekraak af, maakt het leer soepeler.

Toiletpotten krijg je weer aan het glanzen met WD-40. Als je een vuile, verkoolde barbecuegrill hebt, kun je aan de slag gaan door hem in de week te leggen in Biotex, maar veel makkelijker is het hem in te spuiten met WD-40...

laten intrekken... even wachten... en daarna afschrobben. Met WD-40 verwijder je
niet alleen lijm, maar ook olie en teer van
je huid. In WD-40 zitten oplosmiddelen
waarmee je zelfs die Zwitserse wegenbe-
lastingsticker van de voorruit van je auto
kunt verwijderen. Zien ze niet meer dat je
stiekem geld hebt weggezet over de grens.
Het komt niet zo vaak voor in ons land,
maar er zijn winters waarin je flink sneeuw
moet ruimen. Spuit je bezem, schuiver of
schop in met WD-40, dan blijft er geen ijs aan plakken. Je
kunt er zelfs kakkerlakken mee doden.

TANDPASTA ALS TOVENAAR

Met tandpasta (dus geen gel) poetste ik net als iedereen
alleen maar mijn tanden, totdat mijn moeder me eens ver-
klapte dat ze er ook de zilveren theelepeltjes mee schoon-
maakte. Dan krijg je er ook chroom mee schoon, dacht ik.
En ja hoor, de hoeveelheid schuurmiddel in tandpasta is
net groot genoeg om een chromen lamp of spiegel zonder
krasjes weer helemaal glanzend te krijgen. Het werkt ook
als je in een liefdevolle bui besloten hebt de juwelen van je
partner te laten glimmen. Pak dan meteen het dof geworden rubber van je tennisschoenen of sneakers mee.
Tandpasta kan ook worden ingezet tegen ballpointvlek-
ken, viltstift, kringen op meubels, venijnige vlekken in wit
katoen, lipstick op de kraag van je overhemd, potlood op

de muur of een van de vervelendste vlekken: banaan. Porselein en keramiek worden schoon met tandpasta, dus je wastafel en bad ook, maar de vraag is of dat nu wel zo praktisch is, want daar bestaan al genoeg prima schoonmaak- middelen voor. Je moet bovendien geen hekel hebben aan mentholgeur.

ABCITROEN

Uit een citroen valt veel meer te persen dan alleen maar sap. Kijk maar eens in het Vlekken-ABC hoe vaak je citroen- sap nodig hebt bij kleine ongelukjes in huis. In de meeste schoonmaakmiddelen zit ook niet voor niets citroenzuur. Het is dus best nuttig om altijd een verse citroen op de fruitschaal te hebben liggen. Zo'n kant-en-klaar flesje citroensap kan ook — maar let wel op dat er geen zoetstof- fen aan zijn toegevoegd, die geven op zichzelf weer vlek- ken.

Citroensap verzuurt het leven van talloze vlekken, zoals van rood fruit, cola, roest, inkt, jam, limonade, thee en zweet. In combinatie met zout werkt citroen nog effectie- ver, zeker op metalen of steensoorten als aluminium en wit marmer. Zout en citroen zijn ook een perfect duo om geur- tjes te neutraliseren. Heb je een hekel aan de mentholgeur van tandpasta dan kun je chromen onderdelen ook laten blinken met een citroenschil. Soms hebben kleren en lin- nengoed te lang ongebruikt in de kast gelegen of heb je ze eens vochtig opgeborgen en is er schimmel (meeldauw) in

gekomen. Roest in kleding of ander textiel
kan ontstaan door een ritssluiting of was-
knijpers. Met een mengsel van één eetlepel
citroensap en één eetlepel zout kun je deze
nare plekken eruit wrijven. Strijken kan
ook: besprenkel de vlek met citroensap, leg er een natte
theedoek overheen en strijk vervolgens de vlek eruit.
Vieze geurtjes in de ijskast verdwijnen als je er een paar
uur een spons in legt die is gedrenkt in citroensap. Een
magnetron of oven kun je ontvetten door hem twee minuten op de hoogste stand aan te zetten met een schaaltje
citroenwater.
Het lijkt wel of vlekkenkampioenen niks van insecten moeten hebben, of andersom. Zo kun je je keuken anti-mier
maken door gaten en spleten in te wrijven met citroensap.
Je keukenvloer dweilen met een mix van twee liter water en
het sap van vier citroenen houdt vliegen en kakkerlakken
buitenshuis. Je begrijpt het al: citroen moet je doen.

EEN OSCAR VOOR OSSENGALZEEP

De Amerikanen mogen dan de ontdekkers zijn van het
spacy WD-40, wij hebben onze oersimpele ossengalzeep, al
meer dan 150 jaar oud en ontdekt door Nicolaas Sanders,
apotheker te Leiden.
Sanders experimenteerde blijkbaar graag met slachtafval,
want de voornaamste bestanddelen van ossengalzeep zijn
afkomstig van de slijmklieren van de lever en blaas van
runderen. Die klieren produceren een afscheiding waar-

mee vetten en eiwitten kunnen worden opgelost en is dus erg geschikt als vlekkenverdrijver. Het voordeel van ossengal boven andere reinigings-producten is dat deze zeep puur natuur is en geen chemicaliën of bleekmiddelen bevat die het textiel kunnen beschadigen of verkleuren. Vroeger lag er zo'n uitgedroogde, uitgeholde bonk onder in het keukenkastje, nu is er ook vloeibare ossengalzeep en zelfs een ossengal-rolstick, voor plaatselijke vlekbestrijding. Ossengalzeep kan de lastigste vlekken aan, zoals vetvlekken, inkt, chocolade, make-up, en op het internet vertellen enthousiaste huisvrouwen elkaar dat ze er zelfs rodewijnvlekken mee uit hun dure damasten tafellaken hebben gekregen.

O ja, heeft die ene kamerplant last van bladluis? Je kunt zeepspiritus maken met 20 gram ossengalzeep en 1 liter water. In je plantensproeier, goed schudden en spuiten maar.

KLASSIEKER: WASBENZINE

Wasbenzine lag vroeger bij de rokende man in zijn bureau-la om er zijn zippo-aansteker mee te vullen. Nu willen stoerdere types er ook nog weleens het vuurtje in de barbe-cue mee aanwakkeren. Werkt wel, maar het is niet aan te raden. Voor je het weet, sta je zelf in de fik.

Bij verfvlekken is wasbenzine echt onmisbaar, en verder lost het zo'n beetje alles op: cola, jusvlekken, mayonaise, yoghurt, chocolade, lijm, schoensmeer, inkt, teer, viltstift, zonnebrandolie en ook die vervelende achtergebleven lijmresten van stickers of zwarte rubberstrepen op de vloer. Kunststof kun je maar beter niet reinigen met wasbenzine, want dat tast het plastic aan en veroorzaakt een blijvende waas. Nadeel vind ik dat je na het gebruik van wasbenzine nog urenlang ruikt alsof je op een tankstation hebt staan werken.

DE GEHEIMEN VAN DE VAATWASTABLET

Dit zeeppoederblokje heeft miraculeuze toepassingsmogelijkheden. Tussen de digitale poetsadviezen en op de vele vlekkensites van het internet scoort dit tabletje ongelooflijk hoog. Om maar eens wat te noemen: je kunt je frituurpan schoon krijgen door hem met water en een vaatwastablet te laten pruttelen op de hoogste stand. Aangezien die blokjes een ontvettende werking hebben, kun je er ook de filters van je afzuigkap mee in de week zetten. Voor hetzelfde geld krijg je er aangekoekte pannen weer spic en span mee: op een vuurtje zetten met een klein laagje water en een halve tablet.

Vuile vloerkleden, tuinmeubels of stoeptegels kun je ermee afschrobben. Of je maakt met zo'n blokje je handen schoon nadat je je fiets hebt gerepareerd.

Je kunt ze ook gebruiken in de wasmachine, om bijvoorbeeld een van kalk- en zeepaanslag vergeven douchegor-

dijn mee schoon te krijgen. Gooi je
rubberen teenslippers er ook maar
gelijk bij, of wou je die meewassen
in de afwasmachine — dat kan ook.
Het werkt ook als wasmiddel voor
die geel uitgeslagen oksels in je overhemd (doe er wel een
uitgeperste citroen bij). Rode wijn krijg je uit je kleding of
tafelkleed als je zo'n blokje bij het normale waspoeder doet.
Er zijn zelfs mensen die eens per maand hun wasmachine
ontkalken met zo'n tablet. Vazen en thermoskannen worden weer fris als je ze een nachtje laat staan met een half
vaatwastabletje opgelost in warm water.

Kleuren doorgelopen in de was? Enkele uren laten weken
met een vaatwasblokje, succes verzekerd, zegt Lida uit
Goes op een internetforum. Kalkaanslag in de wc? Gooi er
's avonds een afwastablet in, en trek de volgende ochtend
gewoon door, beweert na proefondervindelijk onderzoek
een andere huisvrouw. Je kunt er trouwens ook je magnetron mee reinigen. Zet een glazen schaaltje met water en
een afwastablet tien minuten op volle toeren in de magnetron en neem daarna het vuil en vet af met keukenpapier.
Toen een onhandige man deze tip uitprobeerde, meldde hij
op internet dat zijn magnetronoven gelijk in de fik stond.
Hij was vergeten het folie van het blokje te verwijderen. De
sukkel! Voortaan gebruikt hij liever een uitgeperste citroen,
net als ik trouwens.

11 VLEKKEN-ABC

Alcohol (champagne, wodka, jenever) Als je je leven kunt verknoeien met alcohol, dan ook je kleren. Al krijg je champagne of wodka makkelijker uit je overhemd dan uit je lever. Eenvoudig deppen met koud of lauwwarm water.

Bier Gebruik een beetje handzeep met warm water. Deppen met een doekje. Biervlekken die er al langer zitten: gebruik lauw water met een scheutje spiritus, naspoelen onder stromend water.

Bloed Gebruik uitsluitend koud water, warm water maakt dat het bloed zich hecht aan het weefsel. Als je snel bent kan het ook met een velletje vochtig wc-papier. Met pure handzeep kom je al een heel eind. Eerst inwrijven, daarna uitspoelen. Maar ossengalzeep is nog beter. Hardnekkig of oud bloed kun je weken in een soda- of zoutoplossing (vijf eetlepels per liter water). Of spray de vlek met WD-40 (*zie* Vlekkenkampioenen), laat dit een paar minuten intrekken, was daarna uit in de machine.

- Bloedvlek in zijden kleding: Laat weken in water waarin je een aspirine hebt opgelost.
- Bloedvlek op suède: Verwijder met een wattenbolletje gedrenkt in spiritus.
- Bloedvlek op papier: Tip de vlek lichtjes aan met een wattenstaafje gedrenkt in bleekwater.

Boter Verwijder direct met heet water en zeep of afwasmiddel.

Braaksel Te veel van het goede en zit er nu braaksel op je mooie goed? Leng water aan met een scheutje ammoniak of maak een sopje van water met één dop fijnwasmiddel en één eetlepel witte azijn.

Brand- en schroeivlekken
- Brandvlekken in vinyl vloerbedekking: Doop een wattenbol of sponsje in wat aceton om de brandvlek te verwijderen. Er ontstaat dan een witte vlek, dus dat wordt bijkleuren.
- Brandvlekken op porselein verdwijnen met behulp van een natte kurk gedoopt in zout.
- Schroeivlekken in wol kun je wegschuren met een schuurpapiertje of -sponsje. Zijn de schroeiplekken afkomstig van een strijkijzer, bevochtig ze dan met een in zout water gedrenkt lapje.

Chloor Je hebt bij het schoonmaken van de wc bleekmiddel geknoeid op je kleding. Meestal is het al te laat, maar je kunt proberen het kledingstuk uit te wassen. In het geval van katoen: bedek de vlek met een dikke laag keukenzout.

Chocolade Leg het kledingstuk in de diepvries zodat de chocolade hard wordt. Vervolgens wegschrapen met een theelepeltje, daarna normaal wassen. Of maak zelf zeep-spiritus. Meng 20 gram groene zeep met 1 liter water, roer goed door totdat de zeep is opgelost, doe er daarna twee dopjes spiritus bij. Wrijf de vlek eruit met een doekje of sponsje.

Chocomel Gebruik zeepspiritus (zie hierboven) of spoel uit met koud water en laat vervolgens weken in water met een flinke schep zout.

Cognac Een digestief lust zelf ook wel een glaasje: dep de vlek met lauwwarme kleurloze pure alcohol. Verkrijgbaar bij de drogist.

Cola Dep snel met warm water en een beetje handzeep, eventueel in combinatie met citroensap. Is de cola al hele-maal ingedroogd? Dep dan met wasbenzine. Wasbenzine stinkt, dus gooi het kledingstuk als de wasbenzine volledig is uitgedampt in de wasmachine.

Drop Gebruik een sopje van afwasmiddel of handzeep.

Ei Verwijder eigeel direct met lauwwarm water en een beetje handzeep. Hardnekkig eigeel kun je laten oplossen in water met soda, Biotex of een vaatwastablet.

Fruit De meeste fruitvlekken verdwijnen door ze direct te deppen met citroensap of schoonmaakazijn. Is je kleding niet kleurvast, dan zou ik het citroensap en de azijn maar verdunnen. Vervolgens naspoelen en eventueel wassen in de machine.

1. Aardbei kan hardnekkiger zijn dan ander fruit. Spuit scheerschuim op de vlek, laat intrekken en doe het kledingstuk daarna in de machine.
2. Banaan geeft vervelende vlekken op een wit overhemd. Eerst insmeren met tandpasta, daarna in de wasmachine.
3. Kersenvlek: Gebruik citroensap of azijn, al of niet verdund, afhankelijk van de kleur. Oma liet de vlek altijd weken in karnemelk, voor het geval je daarvan een pak in huis hebt.
4. Rood fruit: Als dat bessensap er niet uit gaat met citroensap of azijn, probeer dan een sopje met een scheutje ammoniak erin.
5. Sinaasappel: Gebruik handzeep en een beetje pure alcohol (kleurloze aftershave mag ook). Goed laten intrekken, daarna uitspoelen met water.

Gele vlekken of vergeelde plekken Probeer het eens met glansspoelmiddel voor de vaatwasser. Laat een paar druppels vijf tot tien minuten op de vlek inwerken en was het daarna uit. Vergeeld wasgoed krijg je ook lichter door aan het laatste spoelwater van de wasmachine 1 theelepel terpentine en 2 eetlepels spiritus toe te voegen.

Gras Na een middagje voetballen in het park heb je het volgende nodig: ½ liter heet water, 2 delen spiritus en een scheut ammoniak. Heb je jenever in huis? Ook goed. Of (kleurloze) aftershave.

Hondenpoep Gadver, hondenpoep, helemaal tot in het profiel van je sneakers. Spuit er WD-40 op. Daarna afborstelen met een oude tandenborstel en afspoelen met warm water.

Honing Honingvlekken lossen op in warm water. Eventueel nog nawassen in machine.

Inkt van een ballpoint
- Balpenvlek op behang: Maak het behang een beetje vochtig, neem het daarna af met een sponsje en azijn.
- Balpenvlek op leer: Trek de inkt eraf met een stukje plakband, of veeg het af met een wattenschijfje gedrenkt in alcohol.
- Balpenvlek op parket: Dep bij geolied parket de vlek met verwarmde spiritus, en behandelen na met was. Is de vloer gelakt, dan volstaat afwasmiddel of onverdunde azijn.

- Balpenvlek op plastic: Wrijf voorzichtig weg met aceton.
- Balpenvlek op pleisterwerk: Behandel met onverdunde azijn op een sponsje.
- Balpenvlek op vloerbedekking: Dep met een doekje en aceton.

Inkt van een vulpen of printer Dep deze vlekken met citroensap, spiritus of spuit ze in met WD-40. Daarna uitvegen met een spons en een warm sopje.
Inktvlekken op een harde ondergrond (zoals hout, linoleum, plastic, steen of glazuur) lichtjes wegschuren met spiritus en een schuursponsje.

Jam *zie* **Fruit**. Het beste neem je de vlek snel af met een doekje gedrenkt in citroensap.

Jus Behandel de vlek met handzeep of ossengalzeep. Inwrijven met een doek en daarna uitspoelen. Heel vette jus kun je het best deppen met wasbenzine.

Kaarsvet
- Kaarsvet in kleding: Leg het kledingstuk tussen twee stukjes vloeipapier of bakpapier en strijk de vlek weg.
- Kaarsvet in een tapijt: Bevochtig het tapijt rondom de vlek met koud water, zodat het kaarsvet zich niet kan verspreiden. Leg er een vel bak- of vloeipapier op, verwarm de vlek vervolgens met een strijkijzer of föhn. Dep daarna met een vel keukenpapier.

Kauwgom

- Kauwgom in je haar: Smeer de plek waar de kauwgom zit in met pindakaas. Cola – even smerig – werkt ook. Daarna uitspoelen.

- Kauwgom in kleding: Leg het kledingstuk in de diepvries, totdat de kauwgom bevroren is. Behandel met badolie (of pindakaas), zoals bij vloerbedekking.

- Kauwgom in vloerbedekking: Kauwgom kun je lostrekken nadat je er een ijsklontje op hebt laten smelten. Gooi bij moeilijk verwijderbare kauwgom een flinke scheut badolie op het tapijt, waardoor de kauwgom verklontert en verkruimelt. Borstel ten slotte de resten eruit. (Pindakaas in plaats van badolie werkt ook, maar dan moet je die er daarna wel weer uithalen met zeepsop.)

Kitresten Wrijf kitresten van tegels of een glad gelakte muur of vloer met een doek en slaolie.

Koffie Wrijf deze vlekken eruit met warm water en handzeep.

Lakverf Deze verfvlekken kunnen verwijderd worden met zowel terpentine, wasbenzine als spiritus. Zit de verf in je kleding, stop die als de wasbenzine volledig is verdampt vanwege de stank dan nog even in de machine.

Lijm De meeste lijmsoorten verdwijnen door een stevig handwasje met ossengalzeep. Als dat niet lukt, kun je alsnog de volgende middelen proberen.

- Houtlijmvlekken verdwijnen met een beetje ammoniak.
- Plasticlijm dep je met een doekje met daarop een paar druppels aceton of nagellakremover.
- Rubberlijm (solutie, bandenplak): Doe wat wasbenzine op een doekje.
- Superlijm of secondelijm op je vingers: Spuit er wat WD-40 op en wrijf net zolang met je vingers totdat ze niet meer plakken.

Limonade of frisdrank Deppen met een sopje van wasmiddel of wegvegen met een kleurloos doekje met citroensap.

Make-up Smeer de make-upvlek in met wat shampoo, laat kort intrekken en spoel uit met water. Bij waterproof make-up heb je ossengalzeep nodig.
Waterproof lipstick is nog vervelender; neem daarvoor een mengseltje van ammoniak en spiritus, deppen met een wattenschijfje.

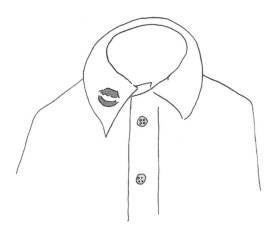

Mayonaise Deze vetvlekken verwijder je met lauw water en een scheut ammoniak.

Melk Spoel onmiddellijk uit met water en zeep. Ossengalzeep werkt het best. Het kledingstuk meteen in de wasmachine gooien, helpt ook. Indien je niet meteen ingrijpt, moet er alcohol aan te pas komen om het vet te verwijderen.

Mosterd Maak van water en handzeep een sopje. Dep eventueel na met schoonmaakazijn of sodawater.

Motorolie

- Olievlekken op kleding: Probeer de vlek met benzine, petroleum of terpentine te verwijderen. Deppen, niet uitwrijven! Anders krijg je pas echt het olievlekeffect. Als dit niet helpt, zit er niets anders op dan chemische reiniging.
- Olievlekken op de oprit: Strooi er kattenbakkorrels overheen. Olie in de korrels laten trekken en opvegen.
- Oude smeerolie (bijvoorbeeld van een fietsketting) op kleding: verwijder de vlek met afwasmiddel en een beetje suiker.
- Vieze oliehanden: Spuit ze in met WD-40 en veeg ze daarna af met keukenpapier. Vloeibaar schuurmiddel werkt ook uitstekend als scrub.

Nicotine Je vingers gaan weer stralen als je ze wast met verdund bleekmiddel. Stoppen met roken is nog beter, dan worden je longen ook schoner.

Olie (olijfolie, slaolie, arachideolie, etc)

- Olievlekken in kleding: Week de vlek in een teiltje water met een paar dopjes spiritus en zout. Was het kledingstuk in de machine.
- Olievlek op de vloer of meubels: Dep de vlek met wat spiritus en zout.
- Ernstige olievlekken: Smeer de vlek in met boter, laat daarna weken in karnemelk en was na met melk. Vind je dit te veel gedoe? Het lukt ook met eenvoudige ossengalzeep.

Oxidatievlekken op koper Vroeger werd de koperen brievenbus door de huismeid gepoetst met een halve ui. De penetrante geur verwijder je door na te wrijven met een zachte doek. Een papje van zout en citroen werkt ook. Een verontreinigd koperen voorwerp kun je een nachtje in de cola leggen.

Pekel Pekelvlekken op je leren of suède schoenen gaan eraf met WD-40. Uitwrijven met een schone doek.

Pindakaas Pindakaas krijg je uit je overhemd of vloerbedekking met behulp van een kopje zeepsop. Eerst inwrijven en daarna goed uitspoelen.

Potlood Kinderen tekenen graag op de muur. Probeer de vlekken te verwijderen met een vlakgommetje. Of laat ze het zelf afvegen met tandpasta en een oude tandenborstel. Als het zo niet lukt werkt een doekje met WD-40 ook.

Rode wijn

- Wijnvlekken op kleding: Over rodewijnvlekken hoor je verschillende verhalen: zout erop, bruisend mineraal-water of witte wijn eroverheen. Maar als je thuis zit te knoeien op je witte overhemd, spuit er dan eens een kloddertje scheerschuim op, even laten intrekken en uitwrijven. Of gebruik zo'n handige ossengalrolstick: even over de vlek heen rollen en dan meteen in de was.

- Wijnvlekken op het tapijt, de vloerbedekking of bank: Gebruik vochtig zout. Goed erin borstelen of 'schuieren', zoals ze dat vroeger noemden, en als de vloeistof een-maal is opgenomen door het zout, de stofzuiger erop. Of giet er een scheut jonge jenever overheen – de vlekken verdwijnen vanzelf. Dat is pas chemisch reinigen!

Roest

- Roestvlekken op kleding: Behandel de vlek met een scheut citroensap, spoel uit en strijk meteen. Nooit zeep gebruiken. Ook speciale middeltjes tegen roest van de

Vlekkentovenaar of andere merken zijn niet altijd veilig door het zuringzout dat erin zit. Dat tast namelijk de kleuren aan. Volgens een oude en iets mildere formule wrijf je de vlek in met een mengsel van zout en azijn, laat dat 30 minuten intrekken, en was het daarna uit in de machine.

- Roestplekken op marmer: Hier komt wel zuringzout of oxaalzuur aan te pas, dus schaf een speciaal middeltje aan uit het vlekkenrek bij de drogist of maak zelf een mengsel van zeepsop en marmerslijpsel. Wrijf dat op de roestplek en leg er een in bleekwater gedrenkt doekje op.
- Roestplekjes op chroom: Wrijf ze in met een doorgesneden ui, laat even intrekken en smeer daarna lichtjes in met wat olijfolie. Wrijf daarna de plek droog.

Rubberen strepen (van schoenzolen) Deze vervelende strepen op linoleum- of houten vloer kun je eenvoudig verwijderen met een doekje bevochtigd met spiritus of wasbenzine.

Satésaus Deppen met een sopje van water en zeep of snel schoonmaken met handzeep.

Schimmel

- Schimmel op je douchegordijn: Krijg de schimmel uit het gordijn door wat bleekwater bij het wasmachine-water te doen. Je kunt schimmel op je douchegordijn voorkomen door het gordijn een nachtje in een emmer met zout water te laten staan.

- Schimmel op hout: Wrijf de schimmel eraf met een doek bevochtigd met petroleum. (Wanneer je schimmel op meubels ziet of ruikt, dan staan ze wellicht te dicht tegen de muur.)
- Schimmel in lichte kleding: Laat weken in een sopje van koud water, aangelengd met bleekmiddel of dikke wc-chloor (1 op 20).
- Schimmel in gekleurde kleding: Dep met een oplossing van water en zout (1 op 20). Spoel na met een lauw sopje. Of laat het kledingstuk chemisch reinigen.
- Schimmel op leer: Neem af met azijn en vet daarna in.

Specerijen en kruiden (zoals kerrie, paprikapoeder, kaneel) Behandel deze vlekken nooit met water, er zitten immers kleurstoffen in specerijen. Door water breiden de vlekken zich alleen maar uit. Beter is zachtjes afborstelen of afkloppen en daarna de kleding meteen in de wasmachine doen.

Spinazie Als je spinazie eet heb je meestal ook aardappels in huis. Dep de vlek met een doorgesneden rauwe aardappel, en doe de kleding daarna in de wasmachine.

Stuifmeel Vooral lelies kunnen voor een onuitwisbaar souvenir zorgen op je smetteloze witte overhemd. Helaas, deze vlekken gaan er nooit meer uit.
Dergelijke vlekken kun je voorkomen, door — klinkt cru — de meeldraden te amputeren. Dit doet niets af aan de bloei van de bloem. Heb je toch een stuifmeelvlek? Dan is er een laatste wanhoopspoging: neem sterk klevende tape, plak

die op de besmeurde plek, druk goed aan en trek hem in één ruk eraf. Zo is het ergste er tenminste uit.

Tandpasta Dep die witte plekken met een doekje met water en zeep.

Teer- of smeervlekken Voor textiel biedt terpentine of wasbenzine of zelfs ossengalzeep vaak uitkomst. Als een smeer- of teervlek op de huid zit, wrijf je die eraf met petroleum. Maar heb je dat wel bij de hand als je op het strand met zo'n vervelende teervlek te maken krijgt? Ga naar de patatkraam en probeer het eens met mayonaise. Thuis biedt boter ook uitkomst.

Thee Theevlekken verdwijnen uit textiel met citroensap. Voor hout of een tapijt gebruik je WD-40.

Tomaten Gebruik voor een tomatenvlek liefst verdunde spiritus, al kom je met een lauwwarm sopje ook al een heel eind.

Tomatenpuree Spray de vlek in met WD-40, stop de kleding daarna in de wasmachine. Zit de tomatenpuree in je hoogpolige tapijt, gebruik gerust ook dan WD-40 en schrob na met een (lichte) theedoek en zeepsopje.

Urine Was het kledingstuk eerst op de hand met warm water en ammoniak. Ammoniak stinkt, dus als je het daarna wilt wassen in de machine, spoel het dan eerst grondig uit; of was het apart, na je andere kleren.

Verf

- Lakverf op kleding of meubels: Meteen met terpentine of wasbenzine op een doekje weg wrijven. Gooi de stinkende kleren als de wasbenzine volledig is verdampt in de wasmachine. Meubels kun je tegen de benzinestank nabehandelen met water en frisse handzeep.
- Lakverf op leer. Smeer de vlek in met zeep, druppel er daarna een beetje terpentine op. Laat inwerken en neem af met een doekje.
- Latexverf: Het beste is een beetje pure groene zeep. Insmeren en met een natte doek afnemen.

Vet Waarmee doe je de afwas of was je je vette haren? Juist, afwasmiddel en shampoo zijn goeie vetverwijderaars. Is een overhemd erg vettig geworden omdat je blijkbaar niet zonder slabbetje kunt eten? Pak dan de ossengalzeep. In het ergste geval gebruik je wasbenzine. Tere stoffen zoals zijde zul je chemisch moeten laten reinigen, of misschien lukt het ook met een lauw handwasje en speciale zijdeshampoo. Nooit uitwringen of tijdens het wassen rekken en trekken, daarmee ruïneer je de zijden stof. Zachtjes heen en weer halen door het water. Naspoelen in koud water met een theelepel azijn.

- Verse vetvlekken: Strooi er meteen aardappelmeel of maïzena op, na vijf minuten kun je de vlek uitborstelen.
- Vetspatten tijdens het koken: Met afwasmiddel lost de vlek op. Wrijf de zeep eruit met een natte doek.
- Vetvlekken in suède: Probeer de vlek eraf te schuren met een vlakgommetje of gebruik een vochtig schuur-

sponsje met een beetje handzeep of groene zeep erop. Of bepoeder de vlek met droogshampoo of ongeparfumeerde talkpoeder, en borstel hem daarna uit. Of wrijf over de vlek met een oude tandenborstel en een beetje azijn.

- Vetvlekken in tapijt: Absorbeer het ergste vet met behulp van keukenpapier en een niet al te hete strijkbout. Behandel de vlek daarna met ossengalzeep.
- Vetvlekken op je brillenglazen: Doe een drupje afwasmiddel op je vingertoppen, wrijf er even mee over de glazen, afspoelen en drogen met een papieren zakdoekje.
- Vetvlekken op je pak: Doop een theedoek in ammoniak, leg die over de vlek en strijk er met een hete bout overheen. Persoonlijk vind ik dit maar gedoe en ga ik liever met mijn pakken van tijd tot tijd naar de stomerij, dan weet ik tenminste zeker dat alle vlekken eruit zijn en krijg ik een strak pak terug.
- Vetvlekken in je boek: Smeer er solutie op, ofwel bandenplak. Als de solutie is gedroogd, kun je het vet zo van de pagina trekken.
- Vetvlekken op een witte muur: Neem de vlek af met een nat schuursponsje met daarop een paar druppels vloeibaar schuurmiddel (gebruik niet de harde kant van het sponsje, want dat is vaak groen of blauw en geeft kleur af).
- Vettige (bier)glazen: Was ze af in lauw water met een paar schepjes soda en spoel daarna goed na met helder water.

Viltstift Verwijder viltstiftvlekken op muren of gelakte meubels met tandpasta of afwasmiddel. Zit de streep er al wat langer? Gebruik wasbenzine.

Vingerafdrukken

- Vingerafdrukken op deuren, keukenkastjes en de ijskast verwijder ik met glasreiniger (lakdeurtjes) of met allesreiniger. Een extra blinkend resultaat krijg je als je eroverheen gaat met een natte doek gedrenkt in shampoo.
- Vingerafdrukken op glas: Gebruik glasreiniger of probeer eens wasverzachter; dan komt er een vlek-afstotend vliesje op.
- Vingerafdrukken op de muur: Wis ze uit met een een-voudig vlakgommetje.
- Vingerafdrukken op die mooie antieke kast: Meng twee delen slaolie met één deel terpentine. Daarna goed uitwrijven.
- Vingerafdrukken op roestvrijstalen keukenapparatuur (fornuis, ijskast, magnetron of afzuigkap): Koop bij de bouwmarkt transparante siliconenspray, spuit een dun laagje op bijvoorbeeld je rvs-ijskastdeur. Goed uitwrijven. Nooit meer vingerafdrukken. Bedenk wel: deze spray gaat er ook nooit meer af.

Vochtkringen

- Vochtkringen in een houten tafel: Wit uitgeslagen kringen in een houten tafelblad behandel je met een kommetje slaolie en daarin 1 theelepel azijn. Wrijf de tafel in met een doek en de kringen verdwijnen.

Tandpasta werkt ook maar schuurt misschien te veel.

- Vochtkringen in kleding: Reinigen met een lapje met wat ammoniak. Wees niet te scheutig en kijk uit voor kleurverschil, het is veiliger om je kleding naar de stomerij te brengen.
- Vochtkringen op een aanrecht van roestvrij staal: Spuit wat glasreiniger op de kringen.
- Vochtkringen in leren schoenen: meng een scheut azijn in een kommetje met water en wrijf daarmee de kringen uit het leer. Niet laten drogen bij de verwarming, dan krijg je opnieuw kringen.
- Vochtkringen in hardhout zoals meranti: Dit geeft zwarte vlekken. Dat betekent meestal schuren, maar je kunt eerst nog eens een poging wagen met een doekje gedrenkt in wasbenzine.

IJs Drenk een doekje in een sopje van water en afwasmiddel of ossengalzeep en veeg de ijsvlek ermee weg.

Yoghurt Laat de yoghurtvlek eerst drogen, verwijder daarna de resterende vetten met wasbenzine op een doekje.

Zonnebrandolie Dep de vlek met een doekje met wasbenzine. Of strooi snel een handje maïzena erop. De beste oplossing: de stomerij.

Zweet

- Verse zweetvlekken: Smeer de binnenkant van het kledingstuk in met een beetje glansspoelmiddel dat je ook voor de vaatwasser gebruikt. Daarna wassen in de wasmachine.

- Oude zweetvlekken (zoals gele zweetranden in de oksels van je overhemd): Gebruik ammoniak. Naspoelen met een oplossing van azijn. Je kunt ook twee eetlepels zout bij het wasmiddel voegen of een vaatwasmachineblokje of een paar aspirientjes. Laat de wasmachine de rest doen.
- Zweetvlekken in wol: Dep de zweetplekken met een doekje gedrenkt in citroensap.
- Zweet in alles: Misschien toch eens een andere deodorant gebruiken.

12 GEUREN-XYZ

Wat is vervelender? Een vieze vlek of een akelig geurtje? Ik weet het wel. Een vlek kun je links laten liggen, een nare geur, stank, putlucht, kun je niet negeren, die blijft je achtervolgen en kan je humeur danig verzieken. De geurenindustrie weet dat wij erg gevoelig zijn voor luchtjes. Ga maar eens kijken bij een filiaal van een willekeurige drogisterijketen: de spuitbussen, sprays, geurstengels, geurblokjes, verstuivers en aromastekkers zijn er niet aan te slepen. Telkens wordt er weer iets nieuws bedacht.

De meeste van deze kunstmatige oplossingen zorgen er naar mijn idee voor dat je huis naar één grote wc ruikt. De geur wordt niet geneutraliseerd, maar alleen bedekt. Er bestaan natuurlijk uitzonderingen, zoals de geurstokjes van Rituals, maar daarvoor moet je behoorlijk diep in de buidel tasten. En helaas heeft niet iedereen een openhaard waarin hij een sinaasappelschil of wat eucalyptus kan gooien. Je kunt ook aan geurkaarsen denken of wierook.

Gelukkig zijn onaangename luchtjes net als vlekken vaak eenvoudig te verdrijven. Zonder dat je het weet, zul je al heel veel in huis hebben. Levensmiddelen als zout, citroen, koffie en azijn kunnen dankbare geurvreters zijn. En zo rond de kerst zou je uitgevallen dennennaalden van je kerstboom in de verdampingsbakjes van je radiator kunnen gooien. Mmm... snuif maar 's op die gezonde geur, alsof je door een bos loopt.

Afvalemmers Stank in je pedaalemmer kun je grotendeels voorkomen door onder in elke nieuwe zak een paar handjes kattenbakkorrels te gooien. Maar misschien heb je geen kat. Heb je wel toiletspray? Spray wat in de zak. Wanneer er veel vlees- of fruitafval in je vuilnisemmer zit, kun je ook een handje zout gebruiken om de stank van de rotting tegen te gaan. Vislucht kun je voorkomen door het visafval in te vriezen totdat de vuilophaaldienst langskomt.
Een gft-container zit niet meteen vol, maar begint al snel te meuren terwijl jij twijfelt: milieu of stank? Gooi de volgende keer als hij geleegd is eerst wat stro onderin. Je kunt er ook mottenballen in hangen, maar die stinken ook.

Broodtrommel Ben je vóór je vakantie vergeten het brood weg te gooien? Dat levert een gore schimmelgeur op in de broodtrommel. Spoel hem uit met azijn en water.

Etensbakjes en potjes Bakjes en potjes kunnen erg gaan ruiken naar bijvoorbeeld knoflook, ui of paprika. Vul ze met water en een eetlepel mosterd en laat ze een nachtje staan. De volgende dag ruiken ze weer fris.

Gootsteen Als je last hebt van een meurende gootsteen, gooi er dan een half kopje soda of zout in. Of gebruik koffiedik. Koffiedik heeft een dubbele werking: het neemt niet alleen de rioollucht weg, maar ook de vetaanslag in de afvoerpijp.

Hondengeur Koop liever geen auto van een fervente hondenliefhebber. Maar als je de verleiding van die Audi Avant voor een prikje toch niet hebt weten te weerstaan, strooi dan wat gemalen koffie op de bodem en de banken van de auto. Koffie heeft een bijna allesoverheersende geur. Daarna wegzuigen.

Kast Een kledingkast kan soms bedompt gaan ruiken, vooral zo'n antiek meubelstuk dat je op een rommelmarkt hebt gekocht. Alsof je een boek openslaat dat te lang in een kelder heeft gelegen. Ontruim de kast en laat er een pan kokend hete melk in afkoelen. Je kast ruikt hierna weer even fris als een alpenweide in de lente.
Je houdt een frisse geur in je kast door er een thee-ei in op te hangen, gevuld met verse rozemarijn en kaneelstokjes. Stop er meteen wat laurier bij, dan blijven de motten ook weg. Of leg er een tijdje een sinaasappel in met wat kruidnagels in de schil. De kruidnagels voorkomen dat de sinaasappel gaat schimmelen.
Gebruik je wasverzachter bij de was? Dan kun je de lege flacon (zonder dop) als luchtverfrisser gebruiken door hem onder in de kast te zetten.

Kattenbak Met sprays tegen kattenbakluchtjes doet de dierenwinkel goeie zaken. Maar wat dacht je van twee halve citroenen of limoenen op een schaaltje naast de kattenbak? Dat is even effectief.

Kleding of een muf pak Voor het luchten van een pak of kledingstuk moet je een beetje geluk hebben met het weer: laat het luchten in de mist of in de sneeuw, dat geeft je kleding weer een frisse adem.

Kooklucht Je sloof je achter de pannen eens goed uit voor een nieuwe date. Maar nu ruikt je huis algauw als een ouderwetse gaarkeuken. Leg snel laurierbladeren op de nog warme branders of enkele kruidnagels op een hete kookplaat. (Zie ook Vislucht, p. 163.)

Oven Zet in een stinkende, afgekoelde oven een schaaltje met gemalen koffie of bakpoeder. Of zet de oven op 170°C en laat wat citroen- of sinaasappelschilletjes bakken.

Pannen Pannen kunnen erg stinken. Kook ze uit met azijn.

Rooklucht Zet na een rokerig feestje een paar schoteltjes azijn neer in je huis. Sinaasappelschillen of kruidnagelen roosteren in een pannetje heeft hetzelfde effect. In de winter kun je die kruidnagels ook kwijt in de verdampingsbakjes aan je

radiatoren. Naast een brandende kaars wordt als rookver-
drijver ook wel een in spiritus gedrenkte spons aangeraden.
Wel goed blijven ventileren. En weet je waarom de Belgen
graag roken achter de sanseveria's? Net als de ficus absorbeert deze kamerplant tabakslucht.

Schoenen Op mooie zomerse dagen kan een paar sneakers
ineens veranderen in een paar stinkerds. Drenk een paar
doekjes in de azijn en stop ze een nachtje in je schoenen.
Vanillesuiker of een paar koffiepads helpen ook. In heel
erge stinkgevallen: een handje soda in elke schoen en twee
dagen laten staan. Sneakers kun je ook machinaal wassen
(*zie* **Schoeisel**, p. 111). Stop je schoenen in een kussensloop
en zet de centrifuge op het laagste toerental.

Stofzuiger Kruimels en stof gaan erin, maar helaas komt er
een weemakende geur uit de stofzuiger. Zuig na het verwisselen van de stofzuigerzak eerst een handje waspoeder op.
Een wattenbolletje gedrenkt in aftershave of eau de toilet-
te werkt ook. Heb je een kat en wil je zeker weten dat de
vlooien(eitjes) die je opzuigt dood zijn, doe dan een stukje
vlooienband in de stofzuigerzak.

Vaatwasser Een vaatwasser kan stinken als je de klep
opendoet. Ik hang er van die speciale geurvretertjes in,
maar een keer ongevuld laten draaien met azijn doet ook
wonderen.

Vazen Een verdorven putlucht uit een vaas raak je kwijt
door hem om te spoelen met sodawater.

Verflucht Daar was al een tip voor in het klussenhoofdstuk: zet in elke hoek van de kamer een bakje met zoutoplossing neer, die de verfgeur absorbeert. Andere tip: doe hetzelfde met uienringen in schaaltjes water.

Vislucht In de keuken verdwijnt vislucht vrijwel direct als je een pannetje op het vuur zet met daarin een half kopje azijn en een heel kopje water. Tien minuten laten pruttelen en dampen. De penetrante walmen van de meeste andere gerechten krijg je hier ook mee weg. Azijn is een echte geurenkampioen. Na het eten van ui, ei, knoflook of vis kun je er zelfs je mond mee verfrissen. 2 eetlepels azijn (het liefst cidersmaak) en 1 theelepel zout in een glas lauwwarm water en gorgelen maar.

Wasmachine De kwalijke geur uit een wasmachine wordt meestal veroorzaakt door vuilafzetting op de rubberen delen. Oplossing: de wasmachine een keertje zonder kleding laten lopen op 90° C met een paar scheutjes azijn of een flinke hand soda. Je kunt de soda en azijn meteen in de trommel gooien of laten oplossen via het spoelbakje.

Wc Ben je al die wc-verfrissers beu? Er staat vast nog ergens een cadeauflesje aftershave te verpieteren. Of pak een jampot met een stevig afsluitbaar deksel. Gooi eerst zout in de jampot en doe er vervolgens rozenblaadjes bij. Plak er een etiket op: ALLEEN OPENEN BIJ STANK! Bij mij thuis werkt ook nog steeds deze gouwe ouwe methode: op de wc ligt altijd een aansteker of een doosje lucifers.

IJskast Onaangename geuren in een ijskast verdwijnen door er een halve appel in te leggen. Of zet een kommetje koffiedik in de koelkastdeur. Ook alles wat vanille-extract bevat, geeft je ijskast de juiste odeur. Vislucht in de ijskast is een ander verhaal. Leg, als je de vis gekocht hebt, er in de ijskast een stukje brood naast. En het is sowieso een goed idee om je ijskast eens in de zoveel tijd te ontdooien en schoon te maken met allesreiniger. Daarna worden je biertjes ook weer sneller koud.

NAWOORD

Deze papieren *Handyman* begon op een korte vakantie
met Joost Nijsen, de uitgever van dit boek. We waren in een
warm land en hij had een paar spatjes tomatensaus op zijn
witte overhemd gemorst. Wist ik wel raad mee. Al jaren
riep hij in al zijn enthousiasme dat ik zulke wonderlijke
oplossingen had voor alledaags ongemak. Een vlek, een
lekkage, een los zittende brilpoot, een kapot stopcontact...
Ik was verrast dat mijn oplossingen zoveel opzien baarden,
tot ik ontdekte dat veel mensen om me heen worstelen
met simpele huishoudelijke klussen. Werd de kennis van
onze (groot)ouders niet meer overgeleverd? Daar moest
een boek verandering in brengen volgens uitgever Joost.
Waarvan akte.
Laat ik niet vergeten van wie ik veel tips heb afgekeken of
doorgekregen. Allereerst mijn moeder, die ik nog best vaak
mis, maar die gelukkig niet met al haar huishoudelijke
geheimen het graf is in gegaan. En ook mijn vader was handig met hamer en kwast. Als student ben ik vaak verhuisd,
en bij elke nieuwe kamer bood hij mij de helpende hand.
Of anders was dat mijn broer Hans wel, die veel handiger is

dan ik. Hij moest eens weten hoe jaloers ik vroeger was dat hij een technische, praktische opleiding mocht volgen en ik echt moest studeren.

Maar ook boeken lezen leverde me veel huishoudkennis op. Kijk maar eens in de literatuurlijst hoeveel oma's, tantes, ooms, huisvrouwen en klusmannen mij voorgingen met het op papier zetten van hun ervaringen. Mede van hun weetjes — die ze tegenwoordig ook graag delen op het internet — heb ik profijt getrokken.

Een Handyman kan onmogelijk compleet zijn. Op het moment dat dit boek zijn weg vindt in menig huishouden zullen naar ik vermoed de nieuwe tips en suggesties me om de oren vliegen. Ik zou zeggen: schroom niet om ze los te laten, prijs te geven. Mijn vriend Joost ziet een tweede druk best zitten, met aanvullingen van lezers. Mail daarom uw tip naar **post@uitgeverijpodium.nl**. Elke tip wordt getest, gewogen, beoordeeld en wie weet beloond met een opname in een volgende editie van *Handyman*. Hoe handig kan een mens zijn? Ik wil het graag weten.

NUTTIGE LECTUUR

Marilyn Bader e.a, *Extraordinary uses for ordinary things*,
    Reader's Digest, 2005
Baedeker voor de Huisvrouw, Maandblad *Succes*, 1950
Rob Biersma & Warna Oosterbaan, *Ik kan alles. Survival-
    gids voor het dagelijks leven*, Uitgeverij THOTH, 2002
Bridget Bodoano, *Ik doe het zelf wel. Klussen voor vrouwen*,
    Terra Lannoo, 2004
Elma Dalhuijsen-Nuis, *Tiptop met Tante Kaat*, Globe, 2002
Anthony Greenbank, *Red je zelf. Een handboek voor wie jong
    is en heel wil blijven*, Querido, 1976
Therese Hoehlein Cerbie e.a, *Huishoudhints & handige tips*.
    Reader's Digest, 1984
Veronika Immler & Antje Steinhäuser, *Alles wat een vrouw
    moet weten*, Rainbow Zilver, 2009
Eveline Kalckhoven-Smit, *Oma weet het beter*, Stichting
    Holland Book, 1998
Ingrid Kortooms, *Huisvrouw in touw*, Uitgeverij BZZTôH,
    1997
Oliver Kuhn, *Alles wat een man moet weten*, Rainbow Zilver,
    2009

Marja en Liny, *Oma, weet jij dat?*, Tirion, 2006

Sam Martin, *Hoe houd ik huis?*, Tirion, 2004

Zammarra Oomes-Kok, *Lekker Handig. Basisboek voor klussen in huis*, Van Holkema & Warendorf, 2005

Nienke Oosterbaan, *Klusboek voor de handygirl*, Kosmos, 2009

Bernhard Roetzel, *De Gentleman, Handboek voor de klassieke herenmode*, Köneman, 1999

J.F. Rolaff & J.A. Wentzel, *Zo kunnen we het doen*. Nijgh & Van Ditmar, ca. 1950

'Veilig werken met elektriciteit', brochure van Easy Electric Nederland, 1996

Otto Werkmeister, *Woonboek voor doe-het-zelvers*, Elsevier, 1977

Juliette Wills, *De man, een zakboekje*, De Kern, 2007

Christiana Zacker, *Het grote was- en schoonmaakboek*, Deltas, 2008

1001 reparaties in huis, Consumentenbond, 2004

1001 tips. Een moderne raadgever voor het gezin, M&P Boeken, 1985

Handige sites

www.ah.nl/huishouden Een interactieve site verbonden aan Albert Heijns klantenmagazine *Allerhande*. Bezoekers van de site dragen hier zelf tips aan voor vlekken en andere schoonmaakproblemen. Als iets niet werkt of helpt, krijg je het gelijk te horen.

www.doehetzelf.net Een site die je de weg wijst in bouwmarkten, advies levert voor gereedschappen en materialen, en je helpt bij klussen als lijmen en verven.

www.gerda's-almanak.nl Dit is een vriendelijke en uitgebreide site met rubrieken als 'Huishouden', 'Kantoor', 'Tuin' en 'Persoonlijke zaken'. Van A tot Z tref je hier veel oude middeltjes en wijsheden aan.

www.klusidee.nl Deze site pocht met dagelijks 23.000 bezoekers. Weliswaar krijg je deskundig advies, maar elke tip is gelinkt aan dienstverleners, speciaalzaken of postorderbedrijven. Misschien daarom juist ook wel handig: zo weet je waar je wat kunt vinden bij jou in de buurt.

www.omaweetraad.com Gezellige, nostalgische site, met een eigen forum en steeds een tip van de week. Bijvoorbeeld: 'Leg een stukje appel bij een orchidee en hij bloeit zo weer op.' Geliefde advertentiesite voor loodgieters en wasmiddelfabrikanten.

www.praxis.nl/klussen/klustips Onder het motto 'laat anderen niet opnieuw het wiel uitvinden' kunnen gedreven doe-het-zelvers hun handigheidjes delen. Van een partytent opzetten in de tuin tot een deuk uit een plank hout strijken.

www.tantekaat.net Iedereen vindt baat bij Tante Kaat zeggen ze in België. Achter dit nationale fenomeen gaat de gezellig kletsende Vlaamse Elma Dalhuijsen schuil.

YouTube Op YouTube vind je de vriendelijke Belg Roger en zijn *per m2*-filmpjes van de Belgische tv. In nog geen vier minuten helpt hij je met de verbouwing van je zolder of demonstreert hij hoe je siliconenkit aanbrengt. Duidelijk, degelijk en onafhankelijk.

REGISTER